IGNACIO DE LOYOLA: PSICOLOGÍA Y ESPIRITUALIDAD

(CINCO CONFERENCIAS)

Análisis psicológico de su experiencia místico-religiosa, según los principios y la metodología de la Psicoterapia por Estimulación Imaginativa

FERNANDO JIMÉNEZ HERNÁNDEZ-PINZÓN

PRIMERA CONFERENCIA

Pretendo con este ciclo de cinco conferencias, o de cinco lecciones, hacer una interpretación psicológica de un hecho religioso: dos planos - el plano psicológico y el plano religioso- confluentes (como dos meandros del río de la Vida) en la experiencia religiosa de San Ignacio de Loyola, en el proceso de su conversión.

De algún modo, es una especie de psicoterapia *a posteriori* lo que voy a tener la audacia de hacerle a san Ignacio, valiéndome de sus propias palabras, de sus propias confesiones tal como se contienen en su Diario Íntimo: Interpretando y desmenuzando el texto de ese diario intento hacer un seguimiento *dinámico-cognitivo* del proceso de su conversión, a partir del hecho bélico, del impacto psicotraumático de su herida de guerra en Pamplona, de verse de repente derribado, maltrecho, postrado y malherido por tropas enemigas, hasta reconstrucción total de su persona y de la re-orientación de su existencia a otros niveles de autorrealización: que son los niveles del Espíritu.

Y como Introducción, como pilastras fundamentales para sostener el edificio de estas conferencias, tendré que colocar unos supuestos básicos sobre la PSICOLOGÍA DE LA EXPERIENCIA RELIGIOSA: qué hace un psicólogo, especialista en procesos mentales y comportamentales, en este terreno de la religión y del espíritu.

Me explico: Cuando se trata de abordar un fenómeno religioso desde el punto de vista psicológico, la tarea inicial del psicólogo es la de tomar claramente posición y delimitar su campo de actuación para no sobrepasar un terreno que no sea el de su competencia.

Pero es que en la dialéctica de todo fenómeno religioso se supone siempre una confrontación de dos extremos: el hombre (persona humana), por una parte, y Dios, el Ser Transcendente, por otra. Y está claro que a la Psicología no le corresponde ocuparse del *objeto* de esta relación, que es Dios, eso le corresponde a la Teología y al asesoramiento religioso-espiritual. Pero si le corresponde al psicólogo ocuparse del *sujeto* de la experiencia religiosa, que es la persona humana, hombre o mujer, dotados un sistema nervioso y de un cerebro a través de los cuales realiza sus operaciones, incluso las que se refieren a un objeto transcendente. Este es el terreno específico de la psicología,

En consecuencia, la tarea precisa del psicólogo será estudiar las modificaciones y repercusiones psíquicas, los movimientos afectivos, los condicionamientos, las motivaciones y los determinantes, neurológicos o ambientales, que se originan como consecuencia de esta relación dialéctica.

Queda claro, pues -y resumo- que la Psicología se centra, no en el *objeto sobrenatural* de la Fe, sino exclusivamente en el *sujeto que cree en Dios*, es decir, en un ser humano, que opera desde un cerebro, un sistema nervioso y un organismo sometido al complejo sistema de las leyes psiconeurológicas.

Sin querer, entonces, en ningún modo infravalorizar el contenido sobrenatural de la experiencia religiosa de San Ignacio, creo que nadie puede poner en duda que su conversión –tal como aparece narrada en su Autobiografía- supone un proceso de gestión de emociones, de conexiones neuronales, de estados y de operaciones mentales de una extraordinaria riqueza psicológica.

Esta actividad psicológica de San Ignacio, en sus posibilidades constructivas después quedará sistematizada en un método, con el que él intenta dirigir a otras personas hacia la realización de una experiencia religiosa semejante a la suya: este método es el de los Ejercicios Espirituales de San Ignacio de Loyola.

Insisto en que los medios que se utilizan en los Ejercicios Espirituales son *sobrenaturales*, en cuanto que uno de los extremos operacionales que intervienen en esta experiencia es Dios.

Pero son también medios psicológicos (regulados por los procesos naturales del psiquismo humano) en cuanto que el campo, el terreno donde se activan y operan estos *ejercicios* es el organismo psico-biológico de un ser humano.

Para aclarar y articular algunos de los elementos del proceso psicológico de la conversión de San Ignacio de Loyola, y comprender mejor el valor constructivo de los mecanismos de reordenación de su psiquismo, que se ponen en actividad durante este proceso (mecanismos mentales que son los que el mismo San Ignacio, desde su propia experiencia, los aplica y pone en actividad mediante los métodos de oración de los Ejercicios Espirituales) para aclarar y comprender todo esto, me voy a servir en estas tres conferencias de un especial microscopio del alma: son los descubrimientos psico-neurológicos de Robert DESOILLE, sobre la función de las representaciones imaginativas, de la fantasía, en los procesos psico-biológicos de cerebro humano, y me voy a servir también del método de psicoterapia que este autor puso sistemáticamente en experimentación y en prácticas desde 1966. Es un método que yo tuve la oportunidad de estudiar y practicar en La Sorbona de París, método que hoy constituye una escuela de

Psicoterapia que lleva el nombre de RED, rêve éveillé diridé, "sueño despierto dirigido" (desarrollado en Francia, practicada y conocida en muchas partes del mundo, y poco conocida en España, a no ser –y perdonen la jactancia- por un libro publicado por mí: "Psicoterapia a través de la actividad imaginativa").

Lo cual no significa, repito una y otra vez, una infravaloración de acción de la *Gracia* de Dios, sino el convencimiento de que *la Gracia se inserta en los mecanismos de la psicología humana,* tal como lo entendía el mimo San Ignacio en aquel principio con el tradicionalmente se ha compendiado el sentido humano-divino, religioso-psicológico, de actuación de los Ejercicios Espirituales: *"Confía en Dios de tal manera, como sí todo el éxito dependiera de él y nada de ti, pero pon de tu parte el trabajo como si Dios no tuviera que hacer nada y todo lo hicieras tú solo".* Es decir con los propios recursos mentales y operacionales de tu propia naturaleza y de tu cultura.

Resumo: La experiencia religiosa de Ignacio de Loyola, en su encuentro con Dios, se insertó en la dinámica de su propio psiquismo, cuando se vio impulsado perentoriamente a la realización de una nueva imagen de sí mismo, una reconstrucción personal de su propio Yo, con la que poder hacer frente a su existencia, trastornada desorientada, deshecha y humillada, a partir de accidente bélico: su derrumbamiento físico y moral en la batalla de Pamplona de 1521.

Os recuerdo que la herida de San Ignacio ocurrió el 20 de mayo de 1521. Fue trasladado a Azpeitia donde permaneció convaleciente hasta marzo de 1522. Desde el 25 de marzo de este año hasta el 17 de febrero del siguiente, 1523, durante nueve meses, Ignacio, que contaba entonces menos de treinta años, pasa una temporada en la pequeña ciudad catalana de Manresa. Y es allí el escenario donde tuvo lugar el proceso más intenso de su experiencia religiosa, y de su transformación definitiva: la reconstrucción de su propio Yo: un Yo reconstruido, renacido, renovado, re-sintetizado y re-orientado hacia nuevos objetivos vitales

En el análisis y en la interpretación de los textos autobiográficos que se refieren a este periodo es en lo que nos vamos a centrar principalmente en estas conferencias.

Y os va a resultar sorprendente -como me sorprendió y me maravilló a mí- al estudiar las fuentes autobiográficas de su conversión, la abundancia de representaciones imaginativas, de fantasías y de ensueños, y la gran importancia psicológica van a significar estas producciones imaginarias para la elaboración de esa nueva imagen de sí mismo que quedará acuñada sobre su propia carne, sobre su propio Yo, sobre lo que él era hasta aquel momento, tal como él veía su propia imagen, según las palabras con que él mismo se define: un "soldado desgarrado y vano"[1]. Así es como el se autodefinió, así es como él veía la propia imagen, de lo que había sido hasta aquel momento: un soldado desgarrado y vano. Es el punto de partida.

Como acabo de decir, en la narración del proceso de la conversión de San Ignacio se destaca, como fenómeno psicológico muy predominante y muy significativo, la intensa producción de la actividad imaginaria. (La Ignasio de Loyola, Obras completas (introducción agingarias.por Ignacio Iparraguirre S.J.), B.A.C., Madrid 1952, pág. 307

imaginería es el arte de producir imágenes materiales: entonces, lo imaginario, la "imaginería mental", es la capacidad de producir imágenes mentales)

El mismo Ignacio nos habla de esos estados de ensueño, que le ocupaban gran parte de su jornada en puro fantaseo. En ellos se entregaba a la creación imaginativa de situaciones en las que él se veía y se fantaseba imaginativamente autorrealizado y pleno, pletórico de satisfacción. Lo conseguía siguiendo la imagen de identificación de sí mismo tenía asimilada como modelo humano de autorrealización: los héroes de los libros de caballería, los caballeros de armas y de conquistas amorosas, al estilo de Amadís de Gaula, que tan de moda estaban en su época.

Él mismo narra que, en aquel retiro de Manresa, *"Algunas veces se paraba a pensar en las cosas del mundo que antes solía pensar. Y de muchas cosas vanas que se le ofrecían, una tenía tanto poseído su corazón, que se estaba luego embebido en pensar en ellas dos, tres y cuatro horas sin sentirlo,* **imaginando** *lo que había de hacer en servicio a una señora, los medios que tomaría para ir a la tierra que ella estaba, los motes, las palabras que le diría, los hechos de armas que haría en su servicio. Y estaba con esto tan envanecido, que no miraba cuán imposible era poderlo alcanzar".* [2]

Pero resulta que, en aquel lugar de reposo, estando inmovilizado, rendido y postrado, para seguir alimentando su fantasía, pidió que le proporcionaran libros de caballería. Por lo visto no los había en aquel lugar y, en sustitución, le dieron a leer libros de la vida de los santos. Y poco a poco, se iría adentrando por aquel camino mental, camino de conversión, en una *meta-noia*

---

[2] Ibidem. pags. 126-30 núm. 4

(la palabra *conversión* significa dirigirse por un camino, *convertere*, y la palabra metanoia, que es la correspondiente en griego, significa cambio de mente), identificándose ahora con las imágenes de los nuevos héroes, los héroes espirituales que iba descubriendo con la lectura de la vida de los santos.

*"Porque, leyendo la vida de nuestro Señor y de los santos, se paraba a pensar, razonando consigo: ¿Qué sería si yo hiciese esto que hizo San Francisco, y esto que hizo Santo Domingo? Y así discurría por muchas cosas que hallaba buenas, proponiéndose siempre a sí mismo cosas dificultosas y graves, las cuales cuando proponía le parecía hallar en sí facilidad de ponerlas en obra. Mas todo su discurso era decir consigo: Santo Domingo hizo esto; pues yo lo tengo que hacer; San Francisco hizo esto; pues yo lo tengo que hacer (...) y esta sucesión de pensamientos diversos le duró harto tiempo, deteniéndose siempre en el pensamiento que tornaba: o fuese de aquellas hazañas mundanas que deseaba hacer, o de obras de Dios **que se les***

---

[3] Ibidem, págns. 131-133

ofrecían a la fantasía"³. Así queda descrito el proceso inicial de la *meta-noia*.

En este punto pueden ser muy reveladores y esclarecedores los descubrimientos de Robert Desoille y su técnica "El Sueño Despierto Dirigido", (R.E.D.) en cuanto que esta técnica de psicoterapia está orientada a que la persona llegue al encuentro de sí misma – al descubrimiento de su yo oculto, de sus actitudes radicales y de sus motivaciones más inconscientes – y realice la restauración de su propia personalidad, mediante la activación y el manejo de las imágenes mentales, producidas en estado de ensoñación[4]. Y el mismo Desoille afirma que son sorprendentes las analogías que aparecen, entre los estados afectivos y las visiones imaginativas que han experimentado sus pacientes en el curso de su tratamiento, con las que se describen en los relatos de las experiencias místicas: *"Es imposible enfrentar las experiencias que hemos realizado*

---

[4] Robert DESOILLE, *Exploration de l'affectivité subsconciente par la méthode du Rêve éveillé*

sin quedar impresionados por las analogías que aparecen entre los estados afectivos, las visiones, las varias impresiones de los sujetos sometidos a la experiencia de nuestro método y la vida interior de los místicos tal como ellos nos la han relatado".

Voy a esbozar ahora una clasificación de las *imágenes mentales, estimuladas y producidas por este método de psicoterapia*, teniendo en cuenta distintas fases, fases que corresponden a diversos grados de expresión de la afectividad de los pacientes sometidos a este método de Psicoterapia .

Cada imagen mental condensa siempre una experiencia emocional, según sostiene esta escuela de Psicoterapia, *"las imágenes son siempre manifestaciones de un estado de alma altamente significativos".*

En la clasificación de las imágenes mentales, tal como emergen a la consciencia por medio de esta técnica especifica del R.E.D, se distinguen tres tipos de imágenes bien diferenciadas, que se van introduciendo progresivamente y se van produciendo a medida que se avanza por distintas fases del proceso terapéutico: Imágenes *de la vida real*; imágenes *fabulosas*; imágenes *místicas* (se las llama así en este sistema de psicoterapia).

Repito: Primero se inducen *Imágenes de la vida real* (tal como las que se nos presentan habitualmente en los sueños); después vienen las *imágenes fabulosas* (como las de los cuentos y las fábulas: un animal: un gigante, una bruja, un dinosauro, una serpiente...); y en la tercera etapa, *imágenes abrstractas*, a las que Desoille llama *imágenes místicas* (se las llama así en este sistema de psicoterapia).

Y estas tres modalidades de imágenes mentales (las de los sueños, las de los cuentos y fábulas, y las abstractas o místicas...) corresponden a *tres niveles o grados de expresión de la afectividad,* que se van analizando sucesivamente en las tres fases del proceso de Psicoterapia.

- *1.-Las imágenes de la primera fase* son, como he dicho, "imágenes de la vida real": representaciones de personas o de objetos que pertenecen a la propia experiencia de la vida de cada día. "ese día me he encontrado con un amigo, por ejemplo, y por la noche me aparece en el sueño la imagen del amigo; a veces otra imagen de alguien que yo relaciono con ese amigo... Son imágenes de la vida real, que se producen frecuentemente en los sueños nocturnos y en los *ensueños*.

Estas imágenes son como recuerdos, y ponen de manifiesto, *capas superficiales* de la afectividad: algo que me hace sentirme bien o sentirme mal; disgustado o asustado o irritado; o sentirme ilusionado "porque soñé que había aprobado el examen", o fastidiado "porque me lo suspendieron".... La exploración de este primer nivel imaginario se considera de mucha utilidad en la psicoterapia, porque permite descubrir situaciones significativas de la vida de esa persona: las situaciones que especiales que le suscitan esas emociones, que están relacionadas con las peripecias personales de su vida.

- 2.-Las *imágenes de la segunda fase* se denominan "imágenes simbólicas figurativas". Suelen ser *imágenes fabulosas*, como las de los cuentos infantiles: monstruos, gigantes o enanos, animales; un oso, un dinosaurio, ratas, una serpiente, gusanos, una urraca, etc., etc...

Y son las que contienen y revelan el *fondo emocional y motivacional* de la persona. Esta esfera de la afectividad constituye la matriz del comportamiento del individuo, los focos especialmente sensibilizados de cada persona, debido experiencias singulares, a traumas infantiles, a hábitos y automatismos que han ido cristalizando a lo largo de su vida, a base de *sus modalidades peculiares de reacción frente a lo que le rodea*: son pautas de comportamientos ensayados desde la infancia, que se han ido reforzando y se reproducen, quizás de modo inadecuado, acarreándole problemas: si de niño pequeño me vino bien hacerme débil y ponerme triste para que me compadecieran, ahora de mayor sigo buscando compasión haciéndome (por ejemplo) una víctima, de modo totalmente disfuncional...

3.- Las *imágines de la tercera fase* se denominan "Imágenes simbólicas *no figurativas*"". Y estas son las imágenes y fantasías, que suponen un grado mayor de elaboración y de abstracción, que en el método se denominan *imágenes místicas*.

La afectividad, las emociones y los sentimientos, que se expresan en esta fase avanzada del proceso de la psicoterapia, vienen asociada a imágenes representativas de *equilibrio personal*, de *plenitud afectiva*, de haber alcanzado una "inteligencia emocional" que *se abre hacia zonas superiores de conocimiento y de acción*: son las imágenes que impulsan los sentimientos más nobles de *solidaridad*, de *amor generoso y gratuito*, son los que promueven la actividad creadora en el arte, o la fascinación en el encuentro iluminado con la Verdad (en el caso, por ejemplo, de un descubrimiento científico: el *eureka* de Arquímides). Y, naturalmente, el estado de equilibrio y plenitud, que se buscaría como resultado óptimo de la Psicoterapia, y el que también se expresa en la experiencia religiosa, en sus estados y en sus manifestaciones de *plenitud mística*. Todos estos estados suponen haber alcanzado "un nivel creativo superior", un desarrollo de ese modo superior del desarrollo de la inteligencia, que es la

Inteligencia Espiritual. Subraya DESOILLE, que es un estado mental en el que se ha superado la individualidad, el egoismo, y representa, según este autor, "una necesidad universal de participación, mediante obras concretas, a la vida universal en sus formas más abiertas".

Me he extendido en explicar estas tres fases, o estados afectivos en progreso, para poder aplicar estos conceptos al proceso imaginario de la experiencia religiosa de San Ignacio. Y lo hago así porque en las manifestaciones de la actividad imaginativa de San Ignacio, tal como él mismo las relata en su Autobiografía, encontramos una confirmación impresionante de estas teorías sobre las imágenes mentales, en las tres fases exactas descritas por Desoille.

En la Autobiografía, escrita por el jesuita Luis González de Cámara, pero tomada de labios del propio Ignacio, se narra y se presenta un recuento de *estados y símbolos imaginarios,* acompañados siempre de sus *repercusiones afectivas*, que van correspondiendo de un modo progresivo a las tres fases de la clasificación de las imágenes mentales propuestas por Desoille. Lo cual deja suponer que en la actividad imaginaria de Ignacio de Loyola se fue realizando un *proceso constructivo de sus mecanismos mentales, psico-neurológicos, encaminado hacia su autorrealización personal y su estabilización efectiva,* hasta llegar a ese grado de plenitud y de "tensión creativa superior" –como lo denomina Desoille-, que tuvo como fruto, la Compañía de Jesús, es decir, su obra "social de participación a la vida universal en su forma más creativa y más plena". Y al mismo tiempo, es el *proceso de autoconstrucción y metanoia* a través de representaciones imaginativas que él mismo sugiere y las incita en la CONTEMPLACIONES de los Ejercicios Espirituales, para que se susciten emociones funcionales y constructivas, y para que se interioricen y se solidifiquen en la afectividad del ejercitante.

La activación sistemática de estos procesos y mecanismos psicológicos, en el escenario de la fantasía, San Ignacio las sugiere y las incita en ese método de oración, específico de los Ejercicios Espirituales, que él llamó *Contemplaciones*, con el fin de que susciten emociones funcionales y constructivas y se interioricen más vivelcialmente en la afectividad del ejercitante.

En las lecciones posteriores pretendo comentar los datos que nos aporta la Autobiografía de San Ignacio, enmarcándolos dentro del cuadro de esta estilística imaginaria que acabamos de describir en sus tres fases. Estas tres fases se corresponden con tres etapas del itinerario espiritual de San Ignacio de Loyola:

A la primera etapa le llamo "La Conversión", a la segunda "La crisis", y a la tercera "La Elevación".

La próxima conferencia la comenzaremos todavía en la primera etapa del itinerario espiritual, a la que he llamado La Conversión, en la cual la producción imaginaria de Ignacio de Loyola tendrá como contenido imaginario *imágenes de la vida real*, reproducidas mentalmente desde experiencias reales de su vida, o desde sus lecturas.

SEGUNDA CONFERENCIA

Vamos a la Segunda Lección de este ciclo, en el que pretendo hacer una *interpretación psicológica* de la experiencia religiosa de San Ignacio de Loyola. Recuerden que, en la conferencia anterior, nos habíamos quedado en el análisis de la primera etapa de su itinerario espiritual, a la que habíamos llamado LA CONVERSIÓN.

Y os recuerdo que, paralelamente, analizábamos la *actividad imaginaria* de la primera fase del proceso psicoterapéutico que nos sirve como referente para nuestro análisis, el proceso del *Rêve Éveillé Dirigé* de Robert Desoille. Y decíamos que en esta primera fase terapéutica se producen unas representaciones imaginativas que re-producen *imágenes de la vida real* de la persona, y que conllevan las manifestaciones afectivas propias de esta fase.

Bueno, pues, paralelamente, estamos todavía dentro del primer tramo del itinerario espiritual del joven Ignacio de Loyola, y quedamos cotejando su contenido afectivo, expresado en intereses, deseos y goces, descritos por él mismo en su Autobiografía.

Leo ahora un texto del primer capítulo de su Autobiografía: *"Hasta los veintiséis años de su edad fue hombre dado a las vanidades del mundo, y principalmente se deleitaba en el ejercicio de las armas, con grande y vano deseo de ganar honra".*[5]

Este es el contenido afectivo, desde el que él ha ido construyendo todo el argumento de su imaginaría mental. Y ponemos aquí el punto de partida de nuestra actuación psicoclarificadora.

La terapia según la modalidad técnica del *Ensueño Dirgido* comienza poniendo al paciente –en palabras de Robert Desoille- en un "estado de distensión y calma protectora", un estado de relajación y aislamiento, libre

---

[5] IGNACIO DE LOYOLA, *Obras Completas* (Introducción y Notas por Victoriano Larrañaga S.J.) B.A.C., Madrid1947, Tomo I, pág. 118, num. 1

de ruidos y de estímulos sensoriales. Este estado facilita la reducción normal del nivel de vigilancia consciente, que conlleva neurológicamente la disminución de la acción de frenaje de la corteza cerebral sobre los centros subcorticales. La acción rectora del neo-cortex –que es la parte prefrontal del cerebro- se relaja, y es cuando emerge esa experiencia que conocemos como de sueño o de ensueño, en la que el neocortex, repito, relaja su acción rectora, y emerge el contenido afectivo (alojado en la zona *límbica* del cerebro). Es esta la situación terapéutica, repito, en la que comienza a operar la técnica del *Ensueño Dirigido*.

Vamos ahora al otro escenario: al de Ignacio de Loyola: Bastará que la larga convalecencia de la herida de Pamplona le proporcione ese estado de aislamiento de estímulos sensoriales, de relajación y de inmovilización, es decir, el "estado de distención y calma protectora", para que el contenido afectivo de su sistema límbico, descrito por él como complacencia y goces en triunfos humanos y vanidades del mundo, ese contenido emerja a la consciencia con el dinamismo imaginario que ya he citado, tomándolo de su Autografía. Cuando él habla de que se pasaba hasta cuatro horas embebido en la imaginaciones y fantasías: de lo que haría en servicio de una señora, de los medios que emplearía para llegar hasta donde ella estaba, de las cosas que le diría y de los hechos de armas que haría en su servicio. Y añade que estaba tan envanecido con que estas fantasías que no reparaba en la imposibilidad de realizarlas en la práctica, claro, porque ya estaba impedido con la pierna destrozada que incluso le impedía calzarse las botas de caballero; pero él *se compensaba* de estas frustraciones disfrutándolo en la imaginación.[6]

Voy a intentar una explicación psicodinámica de este proceso, hasta aquí, hasta este momento:

1º En primer lugar se evidencia, o se diagnostica, lo que, en psicopatología se llama *síndrome de estrés postraumático:* que es la reacción de estrés mental, de agotamiento energético y de debilitamiento psico-orgánico, a consecuencia de algún accidente traumático.

---

[6] Ibidem, pags. 126-130, num. 6

La experiencia psico-traumática tiene, como primer impacto, el de *la toma de consciencia al sujeto de su insuficiencia, de su debilidad, de su desvalimiento*; la consciencia de sus propias limitaciones frente a las exigencias, los retos y riesgos de una existencia a la que tiene que tiene que seguir enfrentando. Esto se ha evidenciado en el texto del Diario.

2º Y lo que se ha evidenciado en el diario es lo que se llama en *psicología existencial* "crisis del destino" (¿cuál será mi destino a partir de ahora?"). La *crisis de destino* se centra principalmente en pérdida de *sentido de la vida*, y pone de manifiesto la urgente necesidad humana de *crear actitudes positivas frente a la existencia*, de *adherirse a objetivos seguros*, de *participar en un orden de valores, y de renovar y reinventar proyectos vitales de que devuelvan sentido pleno a la vida.*[7]

3º Vamos, en tercer lugar, a aplicar estas nociones de la Psicopatología a la situación existencial de Ignacio de Loyola en el momento preciso que estamos analizando.

---

[7] GUILLOT, "Annales de Pychothérapie", num. 1

Hemos hecho el *diagnóstico*, vamos a analizar la *psicodinámica*:

Queda patente en el texto de su diario –por sus propias palabras- la toma de conciencia de su desvalimiento y de su limitación humana, experimentada y vivenciada como *crisis existencial*. Esta toma de consciencia suele arrastrar consigo, en la prodrómica de la patología, una *regresión afectiva* a las primeras experiencias infantiles de desvalimiento y de insuficiencia en el primer enfrentamiento consciente de cualquier niño con la existencia. Lo que aquí se pone en evidencia a través de un *mecanismo de identificaciones imaginarias* con las que cualquier persona humana intenta desesperadamente *encontrar la imagen de sí mismo que le de seguridad frente a esa situación existencial*. No olvidemos que el filósofo francés Bergson, entre otros pensadores y científicos, asigna a la *función fabulatoria de la fantasía* un papel de preservación del individuo y de la especie: imaginando posibilidades para encontrar un camino de supervivencia, es como ha logrado encontrarlo, muchas veces, el individuo humano y la humanidad.

Se tiene experimentado que en las *ensoñaciones* espontáneas, como son en este caso las de Ignacio de Loyola, el sujeto vivencia las imágines que se presentan a su consciencia como la *realización de deseos que compensan en el plano imaginativo las frustraciones de la vida real*, o que *resuelven por medio de acciones ilusorias las dificultades que el sujeto encuentra en la vida*.[8]

El mismo San Ignacio nos ha confirmado esta idea cuando nos ha dicho que, embebido en sus fantasías de las hazañas que iba a llevar a cabo en servicio de aquella señora, no reparaba en la imposibilidad práctica de realizarlas.

4º Un paso más en la clarificación es su actitud proactiva, y la dinámica de afrontamiento de la dificultad y los obstáculos, en la personalidad combativa de Ignacio revivenciada en su fantasía: Tan importante era para él la identificación con la imagen del caballero, capaz de conquistas de armas y de amores, que no le importó soportar los terribles dolores de una caprichosa operación

---

[8] Fusini-Doddoli, o.c., 1970, pag. 22

sangrienta, con tal de poderse poner las botas de caballero y corregir el defecto que la había quedado en una de sus piernas tras la herida de Pamplona.

Cito su autobiografía: *"Y viniendo ya los huesos a soldarse unos con otros, le quedó abajo de la rodilla un hueso encabalgado sobre otro, por lo cual la pierna quedaría más corta; y quedaba allí el hueso tan levantado que era cosa fea; lo cual él no pudiendo sufrir, porque determinaba seguir al mundo, y juzgaba que aquello afearía, se informó de los cirujanos si se podía aquello cortar; y ellos dijeron que bien se podía cortar pero que los dolores serían mayores que todos los que había pasado, por estar ya sano y ser menester espacio para cortarlo. Y todavía él se determinó a martirizarse por su propio gusto, aunque su hermano más viejo se espantaba y decía que tal dolor él no se atrevía a sufrir; lo cual el herido sufrió con la sólita paciencia".*[9]

---

[9] IGNACIO DE LOYOLA, 1947, pags. 122-124, num. 4

5º Otro matiz psicológico que quiero recalcar es que *los procesos de identificación con el Ideal del Yo se realizan en el mundo imaginario por medio de una actividad compensatoria.* Esto sucede así, como lo vengo diciendo, con las fantasías del niño, quienes con sus imaginaciones, intentan compensar su insignificancia; pero también sucede en la persona adulta a quien un traumatismo lo ha sumergido regresivamente en la revivencia infantil de insuficiencia, de desvalimiento y de inseguridad en su enfrentamiento con la existencia. Así se explica que la fabulación imaginaria de Ignacio tomara dimensiones de heroísmos inalcanzables en servicio de la señora o, como lo reorientó después, en la imitación de los santos. Y todo este entrenamiento mental le va a servir, siguiendo la teoría de Desoille, para reforzar sus pautas de reacción frente a la realidad, los llamados " estereotipos dinámicos"

6º ¿Cómo se explica, desde el punto de vista psicológico en el que exclusivamente nos ocupamos, el cambio de identificación con la nueva imagen, la del héroe religioso que se dispone a emular las hazañas de los mayores santos?

Existe un texto de Desoille[10] que parece escrito expresamente para dar respuesta a este interrogante. En él describe el *mecanismo psicológico de la transposición de imágenes* con esta explicación: sucede muchas veces que teníamos que imagen de la vida, y que esta imagen nos servía para la orientación de nuestra tendencia instintiva (p.e. orientamos toda nuestra fuerza biológica en función de una imagen de identificación de campeón deportista: ese es mi Ideal del Yo). Pero puede suceder que a esa primera imagen se venga a *yuxtaponer una segunda imagen* que sugiere una nueva orientación de la tendencia (p.e. se me ha metido en la cabeza la imagen de un amigo, compañero de deporte, que ha montado un gimnasio y está ganando muchísimo dinero). El *deseo de imitación* –el ejemplo de otra persona- ha sido, y lo es con mucha frecuencia, el origen de esta nueva imagen que se ha *alimentado de energía afectiva en detrimento de la primera*. Cada una de estas imágenes representa un

---

[10] *Exploration de l'affectivité subsconsciente par la méthode du Rêve éveillé* , págs. 87-91.

deseo, tal vez opuesto al de la otra. Al principio se produce un conflicto entre los diversos deseos, que cada una de las imágenes representa; después, uno de estos deseos supera al otro: la segunda imagen se enriquece mientras que la primera pierde su fuerza de atracción. Otro ejemplo: Tengo una imagen de mi madre, pobrecita, tan sola, que canaliza mi deseo de permanecer en mi casa junto a ella: y alimento mi imagen de hijo bueno. Ahora se me superpone a esta imagen la de una imagen de una mujer que he conocido y que canaliza mi deseo de irme de mi casa para estar con esa persona: y tengo que cambiar la imagen de mí mismo, ya no vale la de niño bueno, sino la del afortunado en el amor, p.e.. Conflicto de deseos: uno de los dos va a prevalecer sobre el otro. (Me acuerdo ahora de un pasaje de una carta de Freud, cuando era joven estudiante a su novia Marta, le dice "desde que estás conmigo me siento más importante ante mis propios ojos". Es decir, he enriquecido la imagen de mi mismo que yo alimentaba con mis estudios: la he enriquecido al verme a mí ahora querido por ti).

Según Desoille, esta nueva orientación de *las tendencias instintivas hacia nuevos fines* algunas veces se produce de modo inconsciente, pero frecuentemente es una *inversión consciente* del dinamismo afectivo de un deseo, a favor de un nuevo deseo: algo que he descubierto, o me lo han dicho, o he experimentado, o he leído, o he visto en el cine, o en la TV, o que me lo han aconsejado

Si el segundo deseo supera el primero, es porque la imagen interior de la realización de ese nuevo deseo, "me llena más", me enriquece frente a la imagen ideal que tengo de mí mismo, en cuyo espejo me veo y me reconozco.

Bueno, pues estas nuevas imágenes se las proporcionó a San Ignacio la lectura de la Vida de a por Cristo, escrita por Ludolfo de Sajonia, conocido vulgarmente por el Cartujano, y de la vida de los santos contenida en un libro, *Flos Sanctorum*, cuyo autor parece que era Jacobo de Varazze. Estas fueran sus lecturas durante su convalecencia, ante la falta de libros de caballería, que él ansiaba leer para seguir alimentando su fantasía con las aventuras y los heroísmos de los caballeros con los que hasta entonces se identificaba y se complacía.

Fue entonces, a partir de estas lecturas, cuando empezó a representarse las nuevas imágenes de las hazañas de los santos, y a pensar, proponiéndose siempre cosas difíciles y fatigosas que él podría llegar a realizar.

"Y así, cuando se acordaba de hacer alguna penitencia que hicieron los Santos, proponía de hacer la misma y aún más. Y en estos pensamientos tenía toda su consolación, no mirando a cosa anterior, ni sabiendo qué cosa era humildad, ni caridad, ni paciencia, ni discreción para regular, ni medir estas virtudes, sino toda su intención era hacer de estas obras grandes exteriores, porque así las habían hecho los Santos para gloria de Dios".[11]

Y este deseo reforzado va a poner en funcionamiento automático una forma de energía psíquica que es lo que llamamos *voluntad*, la voluntad, que no es otra cosa la voluntad sino un *dinamismo de realización y de control puesto al servicios del deseo*; y cuando este dinamismo es suficientemente fuerte, si tiene suficiente peso

---

[11] IGNACIO DE LOYOLA 1947, o.c., pags. 124-25, num. 5

cognitivo, y está suficientemente reforzado por sentimientos y emociones, es cuando la voluntad realiza el acto deseado.

Añado otra cita para resaltar hasta qué punto la actividad imaginativa de Ignacio de Loyola se centraba, concentradamente, sobre estas nuevas imágenes de identificación, reforzando así la fuerza de su voluntad y sus *estereotipos dinámicos* de comportamiento.

"Y echando sus cuentas, qué es lo que haría después que viniese de Jerusalén para que siempre viviese en penitencia, ofreciásele meterse en la Cartuja de Sevilla, sin decir quién era, para que menos le tuviesen, y allí nunca comer sino hierbas. Mas cuando otra vez tornaba a pensar en las penitencias que andando por el mundo deseaba hacer, resfriábasele el deseo de la Cartuja, temiendo que no pudiese ejercitar el odio que contra si tenía concebido (...) Mas por la razón arriba dicha y porque estaba tan embebido en la idea que pensaba presto hacer...".[12]

---

[12] Ignacio de Loyola, 1947, pags. 139-140, num. 17

Interpreto que ese "odio que sobre sí tenía concebido", quiere significar la fuerza de su deseo de renunciar a la *imagen de sí mismo* que había movilizado su deseo hasta entonces y con la que había estado tan fuertemente identificado.

El dinamismo psicológico de este proceso de conversión-que he desarrollado en seis puntos- entendido como una nueva orientación de *la misma tendencia instintiva*, resultante de una *yuxtaposición de imágenes*, va a tener una confirmación en el proyecto fantástico que concibe Ignacio de velar las armas ante el altar de Nuestra Señora, en Montserrat, con el mismo ceremonial y con el mismo espíritu caballeresco que él había descubierto en las historias de Amadís de Gaula y en otras novelas del mismo género.

"Y fuese su camino de Montserrat, pensando, como siempre solía, en las hazañas que había de hacer por amor de Dios. Y como tenía todo el entendimiento lleno de aquellas cosas, Amadís de Gaula, y de semejantes libros viénenle algunas cosas al pensamiento semejantes

a aquellas; y así se determinó de velar sus armas toda una noche, sin sentarse ni acostarse, más a ratos en pie y a ratos de rodillas, delante del altar de Nuestra Señora de Montserrat, adonde tenía determinado dejar sus vestidos y vestirse las armas de Cristo. Pues, partido de este lugar, fuese, según su costumbre, pensando en sus propósitos..." [13]

Este pasaje refleja lo que se llama en psicoanálisis el mecanismo de *sublimación*. Este proceso existe cuando *el instinto es privado del objeto primitivo en beneficio de una actividad nueva*, o distinta, pero una actividad o proyecto de *más alto valor humano o social*. Cuando un individuo, una persona, se impone esta privación de las imágenes y objetivos con los que había estado tan identificado, esta privación llega a ser una verdadera ascesis, purificadora, renovadora, re-constructora de la personalidad de quien que la ejercita. Es decir, una verdadera *conversión*. o –diciéndolo en griego- una *metanoia*.

---
[13] Ibidem, pags. 139-140, num. 12

Hay otro ejemplo interesante que confirma la misma idea y pone de manifiesto cómo se va operando en Ignacio de Loyola una reorientación de su energía instintiva, una *conversión* en una nueva dirección de valores.

Inmediatamente después del texto donde narra su idea y sus fantasías de ir a velar las armas ante la nueva Señora de sus pensamientos, La Virgen de Monserrat, en sustitución de las damas a las que antes quería servir como caballero, inmediatamente después, se nos relata en la Autobiografía otro episodio en el que, como digo y repito, se pone claramente de manifiesto que la fuerza impulsiva de Ignacio no se había apagado sino que había experimentado un cambio de orientación. Veréis lo que le sucede, lo que le lleva a proponerse y a realizar para vengar el honor de Nuestra Señora, la nueva dama de sus pensamientos: son las mismas hazañas caballerescas que había *imaginado en sus ensoñaciones*, tal como se contaban en los libros de caballería, a los que había sido aficionado.

"Pues yendo por su camino le alcanzó un moro, caballero en un mulo; y yendo hablando los dos, vinieron a hablar en Nuestra Señora; y el moro decía que bien le parecía a él haber la Virgen concebido sin hombre; mas el parir, quedando virgen, no lo podía creer, dando para esto las causas naturales que a él se le ofrecían. La cual opinión por muchas razones que le dio el peregrino, no pudo deshacer. Y así el moro se adelantó con tanta prisa, que le perdió de vista, quedando pensando en lo que había pasado con el moro. Y en esto le vinieron unas oraciones, que hacía en su ánima descontentamiento, pareciéndole que no había hecho su deber, y también le causan indignación contra el moro, pareciéndole que había hecho mal en consentir que un moro dijese tales cosas de Nuestra Señora, y que era obligado a volver por su honra, Y así le venían deseos de ir a buscar al moro y darle de puñaladas por lo que había dicho; y perseverando mucho en el combate de estos deseos, a la fin quedó, sin saber lo que era obligado a hacer. El moro, que se había adelantado le había dicho que iba a un lugar, que estaba

un poco adelante en su mismo camino, muy junto del camino real, mas no que pasase el camino real por el lugar. Y así después de cansado de examinar lo que sería bueno hacer, no hallando cosa cierta a que se determinase, se determinó en esto, scilicet, de dejar ir a la mula con la rienda suelta hasta el lugar donde se dividían los caminos: y que si la mula fuese por el camino de la villa, él buscaría el moro y le daría de puñaladas; y si no fuese hacia la villa, sino por el camino real, dejarlo quedar. Y haciéndolo así como pensó quiso nuestro Señor que, aunque la villa estaba poco más de treinta o cuarenta pasos, y el camino que a ella iba era muy ancho y muy bueno, la mula tomó el camino real y dejó el de la villa".[14]

Voy a hacer dos consideraciones, en relación a estos dos textos, o pasajes del Diario de Ignacio: La primera consideración es sobre la conformación del *Carácter* en una persona, y otra sobre el retejo emocional de las propias decisiones o acciones.

---

[14] IGNACIO DE LOYOLA, o.c., pags. 147-148, nums. 15 y 16

Este pasaje prueba una vez más que la *actividad imaginaria* de Ignacio de Loyola había dejado en su cerebro, según la teoría del psico-neurólogo ruso Pavlov, unos *esquemas dinámicos de comportamiento* neurológicamente configurados –es decir: un *reflejo condicionado*- , y que bastaba la excitación de algún agente externo para que se pusiera en funcionamiento canalizando la energía de su instinto.

Sin duda ninguna, esta disposición mental de Ignacio revelan una especie de *vínculo estrecho entre los actos y las imágenes mentales que los dirigen.* Y esto es lo que se conoce por el *carácter*: esta pauta de acción y reacción que determina que cada persona *permanezca comparable a sí misma* a través de situaciones diversas, y con objetivos diferentes. Y es que el carácter está construido y modelado sobre la base de las imágenes representativas que uno tiene de sí mismo en la existencia, imagen que se han ido amasando y reforzando lentamente a través de todas las peripecias de su historia personal.

Por eso, cuando se presenta una ocasión de actuar, ésta se traduce a la consciencia por una *imagen de la acción* que voy a ejecutar. Esta imagen la superponemos, mediante un mecanismo asociativo inconsciente, a aquella *imagen subjetiva* de mí mismo conservada en mi mente. Si esta imagen es *ego-sintónica*, es decir, si coincide con la imagen que tengo de mí mismo –o que quiero para mí mismo-, la nueva imagen de la acción que voy a ejecutar *se carga toda la energía afectiva latente, de todos los sentimientos y emociones, que vehicula la imagen subjetiva a la que se superpone*, y se traduce por un deseo, reforzado emocionalmente, que determinará el acto. (Por poner un ejemplo en negativo: si tengo la imagen de mí de que soy un cobarde y me veo metido en una pelea, esa imagen de pelear me es ego-asintónica, es decir, no sintónica con mi Yo, y salgo corriendo muerto de miedo).

De aquí se deduce la gran importancia que tiene, para la *reconstrucción del carácter* (sea en la Psicoterapia o sea en los Ejercicios Espirituales de San Ignacio, donde él ha volcado todas estas experiencias), la importancia que tiene *modificar las imágenes subjetivas incorrectas y de enriquecer la subjetividad con imágenes significativas de nuevos valores elevados y socialmente beneficiosos.*

La segunda consideración es sobre el reflejo de las propias acciones o decisiones o ejecuciones en la afectividad de la persona, en sus emociones y estados sentimentales. Para esto quiero recalcar que, si la representación interior de una acción que voy a emprender produce una resonancia afectiva de sentimientos que van más en la línea de la idea que tiene la persona de su propia autorrealización, la resonancia afectiva, el estímulo emocional que entonces se produce es lo que San Ignacio llama *"Consolación"*. Y lo contrario: cuando la imagen de la acción o resolución que voy a emprender no sintoniza con la imagen (o idea: sabéis que etimológicamente *idea* deriva de la palabra griega *eidos,* que significa imagen) con la idea que tengo de mi autorrealización, a esa resonancia afectiva de sentimientos de disgusto, de displacer, o incluso tristeza, San Ignacio le llama *"Desolación".* Es una distinción quizás un poco simple, pero muy orientativa.

Por eso en los Ejercicios Espirituales se considera importante *saber estar a la escucha de los sentimientos y emociones,* que le van a dar al ejercitante la pauta de lo él llamará "*la discreción de los espíritus*", convencido de que Dios regula nuestro proceso interior a través de los estados afectivos, de los sentimientos y las emociones, que despiertan en nosotros las imágenes de nuestros actos.: si *consolaciones,* si *desolaciones.*

Y vais a ver cómo Ignacio de Loyola se hace consciente del *desencadenamiento de resonancias afectivas,* manifestadas a través de las imágenes de sus ensueños, que le van a servir de estímulo y *confirmación en su nueva identidad.*

"Había todavía esta diferencia: que cuando pensaba en aquello del mundo, se deleitaba mucho; mas cuando después de cansado lo dejaba, hallábase seco y descontento; y en cuanto a ir a Jerusalén descalzo, y en no comer, sino hierbas, y en hacer todos los demás rigores que veía haber hecho los Santos, no solamente se consolaba cuando estaba en los tales pensamientos, mas aun después de dejados quedaba contento y alegre. Mas no miraba

*en ello, ni se paraba a ponderar esta diferencia, hasta en tanto que una vez se le abrieron un poco los ojos, y empezó a maravillarse de esta diversidad y a hacer reflexión sobre ella, cogiendo por experiencia que de unos pensamientos quedaba triste, y de otros alegre, y poco a poco viniendo a conocer la diversidad de los espíritus que se agitaban, el uno del demonio, y el otro de Dios. Este fue el primer discurso que hizo en las cosas de Dios; y después cuando hizo los Ejercicios de aquí comenzó a tomar lumbre para lo de la **diversidad de espíritus***"*.[15]

Bueno, pues el proceso que fue realizando Ignacio de Loyola consigo mismo, en su mente, en su carácter, en sus sentimientos y deseos, y en la reorientación de su personalidad *es el mismo proceso de renovación de imágenes mentales* que él aplica y sistematiza en los Ejercicios Espirituales, cuyo principal elemento operativo –desde el punto de vista humano- son las *técnicas contemplativas de estimulación de representaciones*

---

[15] IGNACIO DE LOYOLA, o.c. 1947, págs, 133-135 num. 8

imaginarias. Que es exactamente lo mismo, que con otra orientación existencial, con la orientación y con la intencionalidad terapéutica, se activa y se opera con las técnicas de psicoterapia que estamos analizando paralelamente.

TERCERA CONFERENCIA

En la lección anterior, todavía caminando dentro el primer tramo del itinerario psicológico y espiritual de Ignacio de Loyola, lo dejamos en el camino de Montserrat, adonde tenía determinado *quitarse sus vestidos y vestirse las armas de Cristo, delante del Altar de Nuestra Señora,* (una Vela de Armas al estilo más caballeresco de la época). Y mencioné otro episodio, como ejemplo interesante, que confirma la misma idea de que en los mecanismos psicológicos de Ignacio de Loyola no se había realizado un proceso de *represión* de sus tendencias. (Digo entre paréntesis que un mecanismo de *represión* hubiera tenido como efecto una detención de su proceso psicológico, con descompensación del equilibrio psíquico, por el peso de la carga reprimida, y con desaprovechamiento de sus energías psíquicas para el progreso y la reconstrucción de su Yo personal).

Entonces repito que no es una operación represiva de su energía psíquica lo que se está operando en la psique de Ignacio de Loyola, sino que se está realizando una nueva orientación de la misma tendencia instintiva hacia un objeto de mucho más alto valor espiritual y social, que es lo que en psicología se conoce por *Sublimación*.

Como estamos viendo, el proceso de conversión que emprende Ignacio supone, al mismo tiempo, la negación y la prosecución de su antigua vida. Es *negación* porque las imágenes de sus hazañas cambian de naturaleza: pasan de imágenes mundanas a imágenes ascéticas; los elegantes vestidos de cortesano los va a cambiar por ropa de mendigo; las imágenes de las armas guerreras van a dar paso a imágenes de mortificaciones y penitencias...

Pero también es *prosecución de la antigua vida* en cuanto que, en los dos casos, trata siempre de hacerse una *imagen renovada de sí mismo* con la que él se identifica supercompensatoriamente: es decir, no suprimiendo su dinámica sino compensándola de un modo superlativo, que llamamos *supercompensación*.

Para comprender el dinamismo de estas *identificaciones supercompensatorias* de Ignacio, no podemos olvidar la peripecia psíquica de su infancia, en cuya vivencia existencial vuelve a sumergirse, como ya hemos señalado, a causa del acontecimiento traumatizante que lo deja desvalido y lo enfrenta con su propia menesterosidad y dependencia regresiva.

La infancia de Ignacio estuvo marcada por el signo de la *frustración afectiva*, debida al hecho de no haber conocido a su madre y de haber perdido a su padre a la edad de catorce años.

La ausencia de estas dos fuentes de satisfacción afectiva y de afirmación de su personalidad en la existencia, que son tan necesarias para el *establecimiento de la seguridad emocional y vital* del niño, esa carencia le va a impulsar, dentro de la estructura de los ideales culturales la época en que vive, le va a llevar a identificarse con la imagen del galán cortés, sobre la que *alimentará sueños de triunfos, que compensen su inseguridad y sus carencias existenciales,* en servicio de una dama super-idealizada, que es la *imagen maternal recuperada,* en la que proyecta la violencia de su *afectividad reprimida.* Es muy significativo, desde el punto de vista de la *reacción a esta inseguridad y frustración emocional,* lo que dicen los biógrafos de que Ignacio, en su vida mundana, era muy aficionado "al juego, al duelo y a las mujeres". [16]

Pero la lectura de la vida de los santos viene casualmente a enriquecer su fantasía, el mundo de sus imaginaciones y de sus sueños y ensueños, con *nuevas imágenes de heroísmo.* Desde entonces *sus sueños despierto,* **dirigidos** *por la trayectoria espiritual de las imágenes de los santos,* van a *reestructurar su esquema imaginario y afectivo* en el que la imagen de la Dama ha quedado sustituida por la imagen de la Virgen, Nuestra Señora.

Dentro de este contexto, y como respuesta a toda la historia emocional por donde se canalizaba la afectividad frustrada de Ignacio, *la visión de la imagen de la Virgen, en figura maternal con el Niño,* va a tener una

---

[16] ASTRAÍN. Antonio, *Historia de la Compañía de Jesús en la Asistencia de España,* Vol. I, 1902, vol. 1 pag. 42, Sucesores de Rivadeneyra, Madrid.

importancia decisiva como reafirmación y estabilización del nuevo camino de autorrealización personal que había elegido.

*"Y ya se le iban olvidando los pensamientos pasados con estos santos deseos que tenía, los cuales se le confirmaron con una visión, de esta manera. Estando una noche **despierto, vio claramente una imagen de Nuestra Señora con el Santo Niño Jesús**, con cuya vista por espacio notable recibió consolación muy excesiva, y quedó con tanto asco de la vida pasada, y especialmente de cosas de carne, que le parecía habérsele quitado del ánima todas las especies que antes tenía en ella pintada. Así, desde aquella hora hasta agosto de 53, que esto se escribe, nunca más tuvo ni un mínimo consenso en cosas de carne; y por este efecto se puede juzgar haber sido la cosa de Dios, aunque él no osaba determinarlo y no hacía más que afirmar lo susodicho".*[17]

---

[17] IGNACIO DE LOYOLA, o.c. 1947, pág. 136 num. 10

Voy a explicar, desde el punto de vista psicológico, el mecanismo de *condicionamiento y recondiciocinamiento* psico-neuronal que se ha puesto en evidencia en este pasaje- Y conviene recordar el concepto de Pavlov, sobre lo que en sus sistema neuro-fisiológico se denomina *"inhibición interna"*.

Según Pavlov, se produce la *inhibición interna* cuando, *el excitante condicionado, en lugar de una excitación, provoca una inhibición*. Pongo un ejemplo: yo se que la simple imagen de un pastel de moras excita en mí el deseo de comerlo. Pero un día lo como en exceso y me produce una terrible indigestión. Desde entonces, la sola imagen del pastel de moras me provoca una inhibición del deseo: se me quitan totalmente las ganas de comerlo. Es lo que se llama un *reflejo condicionado negativo*; el cual puede llegar a reforzarse de tal modo, que el simple recuerdo (que se considera excitante débil) llegará a desencadenar una reacción inhibitoria intensa. A ésta se lo llama *"reacción paradoxal"*. [18]

---

[18] PAVLOV, I., *Fisiología y Psicología* 1968, Alianza, Madrid.

Este esquema nos puede iluminar para comprender el sentimiento de Ignacio y su reacción ante los excitantes canales, tras la visión imaginaria de Nuestra Señora con el Niños Jesús.

Ya hemos explicado que la falta de ternura en la infancia por ausencia de madre, impulsó a Ignacio a necesitar *afirmarse compensatoriamente* como persona receptora de amores y capaz de amar. Después de la visión, que le produjo un sentimiento de plenitud emocional tan intenso, *la imagen maternal de la Virgen va a perseverar en él como señal desencadenadora de reacciones paradoxales,* creando un descondicionamiento de los excitantes anteriores: la representación de la mujer quedará ligada al sentimiento de la ternura y devoción, inhibiendo las respuestas de excitación carnal.

Aquí vamos a terminar nuestro análisis de la primera fase del proceso de conversión de San Ignacio, del primer tramo de su itinerario psicológico y, paralelamente, espiritual. Pero quiero adelantar un principio de esta técnica de Psicoterapia R.E.D. sobre el valor de las *representaciones imaginarias de altura y ascensión* (digo *adelantar* porque van a ser objeto de análisis en la quinta conferencia)*:* Que cuando provocamos o nos provocan imágenes de *elevación y de altura*, se nos suscitan y refuerzan los sentimientos elevados y las reacciones positivas. Esto está experimentado como técnica de análisis y actuación terapéutica. Y ved como lo confirma Ignacio:

Casi inmediatamente después del pasaje de la visión de Nuestra Señora, leemos en la Autobiografía: *"La mayor consolación que recibía era mirar al cielo y las estrellas, lo cual hacía muchas veces y por mucho espacio, porque con aquello sentía en sí un muy grande esfuerzo para servir a nuestro Señor"*[19]

Más tarde, al elaborar el método de los Ejercicios Espirituales, dejará consignada entre las *"Adiciones para mejor los Ejercicios y para mejor hallar lo que desea"*, la siguiente norma: *"Un paso o dos antes del lugar donde*

---

[19] IGNACIO DE LOYOLA, o. c. 1947, pág. 138 num. 11

*tengo de contemplar o meditar, me pondré en pié por espacio de un Pater Noster, **alzando el entendimiento arriba**, considerando cómo Dios nuestro Señor me mira, etcétera, y hacer una reverencia o humillación".*[20]

El valor reforzatorio de esta representación de altura se va a completar aquí con la consideración de la "mirada" de Dios, bajo la que ejercitante se somete y se humilla. Lo confirma Desoille cuando dice que la idea de la mirada es una de los elementos que más contribuye al sentimiento de presencia y que, con frecuencia, comporta una carga afectiva considerable por ser representativo de todo eso que ha contribuido a formar el Super-ego de la teoría de Freud, y que va a controlar y determinar en parte los nuevo comportamientos de cualquier persona.

Pero esto lo analizaremos con más detención y más sentido en la tercera fase de la actuación psicoterapeutica según la metodología de Desoille, la de las imágenes "místicas", que es como él las denomina, (Tercera fase que corresponde al tercer tramo del itinerario espiritual

---

[20] IGNACIO DE LOYOLA , o. c.1952, pág. 175 num. 75

de Ignacio de Loyola, al que yo he denominado *La Elevación*).

Hasta aquí hemos estado analizando (y yo diría: diagnosticando, y comprendiendo), esa primera fase del proceso de San Ignacio, esa primera etapa de su camino espiritual, en la que las imágenes mentales y las fantasías están tomadas de la vida real: de lo que se ha visto, o se ha leído o de personas reales que se han tratado. A esta primera fase o etapa la he llamado: *La Conversión*, ya que ha supuesto en la mente de Ignacio

1º, la creación de renovados *estereotipos dinámicos* de comportamiento (*metanoia* es la palabra griega que corresponde a conversión: *metanoiete,* clamaba Juan Bautista en el desierto),

2º, la remodelación de su *carácter,*

3º, la consciencia de una nueva *identidad de su Yo,* y 4º, la reorientación del *sentido de su vida* para una nueva marcha en el camino que le lleva a su autorrealización.

***

Ahora viene la segunda etapa del camino de Ignacio de Loyola, de su intinerario psicológico-espiritual, la segunda fase del proceso, a la que hemos llamado: *LA CRISIS.*

Dentro de la clasificación de la estilística imaginaria, en las modalidades operativas de las imágenes mentales estudiadas en el *Ensueño dirigido*, esta fase se caracteriza por la producción mental de representaciones *fabulosas,* que se denominan "imágenes simbólicas figurativas".

En la práctica psicoterapéutica del *Ensueño* terapéutico, Desoille describe de la siguiente manera la aparición de esta nueva fase:

"Después de un número más o menos grande de sesiones de "sueño despierto dirigido", suele aparecer un segundo periodo. La fantasía no se hace ya siguiendo los temas de la vida real. El paciente vive ahora en un mundo mágico en el que domina la fuerza omnipotente de las imágenes del pensamiento". [21]

---

[21] DESOILLE, o. c. 1955, pág. 74

En este periodo aparecerán obstáculos imaginarios que dificultarán el progreso del individuo, obstáculos caracterizados por su hermetismo (*"¿qué me está pasando?"*), por la incomprensibilidad de mis fabulaciones mentales y mis sueños, sin aparente significación. Esta dificultad de interpretación estriba en que no reproducen situaciones bien definidas de la vida real del sujeto, sino que representan *la matriz afectiva de su comportamiento*, la *base emocional y motivacional*, determinada por hábitos y automatismos que han ido cristalizando a lo largo de toda su historia personal en reacción frente al entorno.

Desoille destaca por su importancia, entre estas imágenes obstaculizantes, a veces, trastornantes, las de *personajes o animales fabulosos.*

En este contexto podemos enmarcar la *visión alucinatoria* que tuvo Ignacio mientras vivía en el hospital de Manresa, la cual le produjo una *desconcertante resonancia emocional* y lo sumergió en una *fase obsesional* que supuso una verdadera *crisis neurótica* dentro del proceso de su conversión:

> *"Estando en este hospital le acaeció muchas veces en día claro ver una cosa en el aire junto de sí, la cual le daba mucha consolación porque era muy hermosa en grande manera. No divisaba bien la especie de qué cosa era, más en alguna manera le parecía que tenía **forma de serpiente**, y tenía muchas cosas que resplandecían como ojos, aunque no lo eran. Él se deleitaba mucho y consolaba a ver esta cosa; y cuanto más veces la veía, tanto más crecía la consolación; y cuando aquella cosa le desaparecía, le deplacía de ello".* [22]

Comentando Desoille la aparición de este género de imágenes fabulosas dentro del escenario específico del R.E.D., dice que representan un *sentimiento de fondo* que no se puede reducir a la reacción ante la situación particular (el agrado o desagrado que pueda producir la imagen de una serpiente) sino que es *la culminación, expresada en imágenes oníricas, de sentimientos análogos experimentados frente a situaciones reales de*

---

[22] IGNACIO DE LOYOLA, o. c. 1947, págs. 160-161, num. 17

la existencia del individuo. Y añade que este género de representaciones imaginarias nos hacen penetrar *"en eso que yo llamo el **telón de fondo sentimental** que **determina el comportamiento neurótico del paciente**. Esto nos hace comprender qué es aquello de lo que realmente sufre el paciente y eventualmente nos induce a encontrar el origen del condicionamiento de su neurosis"*.[23]

Vamos a analizar ahora las *repercusiones psicológicas de la visión alucinatoria de Ignacio de Loyola* (es alucinación puesto que no corresponde a una imagen objetiva y real) de Ignacio de Loyola, y de la tormenta emocional que le desencadenó esta visión de la serpiente, sumergiéndole en una verdadera *crisis neurótica*: Un *cuadro psicopatológico* que él mismo Ignacio nos va describiendo.

Él mismo nos afirma que después de la citada visión *"empezó a tener grandes variedades en su alma, hallándose una veces tan desabrido, que ni hallaba gusto*

---

[23] DESOILLE 1955 (a), o. c. págs 74-75

en el rezar, ni en el oír la misa, ni en otra oración ninguna que hiciese; y otras veces; viniéndose tanto al contrario de esto, y tan subidamente, que parecía habérsele quitado la tristeza y la desolación, como quien quita una capa de los hombros a uno. Y aquí se empezó a espantar de estas variedades...". [24]

Estas "variedades" que describen una verdadera crisis de *Trastorno bipolar".*

De momento, la *imagen de la serpiente* deja a Ignacio perplejo por su enigmaticidad. Dice expresamente POLANCO que el principio no lograba explicarse el secreto de ella. [25]

Sin embargo, hace resaltar repetidas veces la *variedad de los movimientos afectivos* que su visión le provocaba, hasta tal punto que llegó a una *dependencia afectiva* con respecto a ella. Afirma POLANCO que se le aparecía *"cada día, sin faltar ninguno, dos, tres, cinco, seis veces, y consolábase con su presencia y desconsolábase cuando se iba".* [26]

---

[24] IGNACIO DE LOYOLA, o. c. 1947, págs. 166-167, num. 21
[25] POLANCO 1894 vol. I, pág. 160
[26] POLANCO, Ioannes Alphonsus de, "Sumario de las cosas más

Me atrevo a hacer de esto una interpretación personal que me parece clarificadora, en tres puntos:

1º Hay que notar que **estas alternancias afectivas vuelven a reproducir casi idénticamente las que experimentaba en el primer periodo de su conversión, cuando pensaba en las proezas y hazañas caballerescas que realizaría en servicio de la dama de sus sueños**: *pensando en ellas, se deleitaba mucho* –nos decía- *y cuando salía de sus ensoñaciones quedaba seco y descontento.*

Teniendo en cuenta este *paralelismo de resonancias afectivas,* creo poder aventurar la interpretación de que están relacionadas con **el tránsito desde el estado evasivo de ensoñación al estado de enfrentamiento con la realidad**, tal como se produce en ambas situaciones. El paso del *deseo* (la *omnipotencia del* deseo, diría Freud) a la cruda *realidad.*

2ª Como es sabido, el esquema figurativo de la *imagen de la serpiente* ha sido interpretado universalmente como

---

notables sobre el origen y progreso de la Compañía". *Fontes narrativi de S. Ignatio de Loyola et de Societatis Iesu initiis,* Roma 1943, vol. I, pág. 165.

símbolo fálico representativo de potencia viril. Es lo que expresa el *sentimiento de poder y de seguridad en sí mismo que Ignacio vivenciaba en sus ensueños*, en lo que *"siempre se proponía cosas dificultosas y graves, las cuales proponía,* **le parecía hallar en si facilidad** *de ponerlas en obra"*. [27]

La desaparición de la imagen de la serpiente lleva consigo el **enfrentamiento real y fehaciente con la existencia**, que le va a sumergir en el sentimiento perturbador de inseguridad, experimentando, como cualquier niño, desde la primera constatación infantil de su propia invalidez y revivido dramáticamente durante su postración tras herida de Pamplona.

A este sentimiento frente a la realidad fehaciente corresponde, sin duda, un pensamiento pertinaz, una idea fija insistente, que viene a *cuestionar su capacidad de llevar a cabo el género de vida ascético que se ha impuesto.*

"Aquestos días que duraba aquella visión, o algún poco antes que comenzase (porque ella duró muchos

---

[27] IGNACIO DE LOYOLA, o. c., 1947, pág. 132 num. 7

*días), le vino un pensamiento recio que le molestó, representándoles **la dificultad de su vida**, como si le dijera dentro del ánima: ¿Y cómo podrás tu sufrir esta vida setenta años que has de vivir?".*[28]

3º A partir de este pensamiento zozobrante, de esta *fluctuación de imágenes y sentimientos ambivalentes*, que, como hemos citado de Desoille, bien pueden expresar el *telón de fondo sentimental que determina un comportamiento neurótico*, se instala en la vida de Ignacio un *episodio patológico*, marcado por todo el cortejo sintomático típico que describe el **cuadro de neurosis obsesiva**: 1. alteraciones timopáticas (es decir, fluctuaciones emocionales de tipo bipolar); 2. rumiación obsesiva-compulsiva; 3. angustia de base y zozobra existencial; y 4. ideaciones de suicidio.

Es decir: todos los componentes de un cuadro patológico: los indicadores de una crisis neutrotico-obsesional... que en este caso de Ignacio de Loyola fue

---
[28] Ibidem, num. 20

transitoria, y además le sirvió como reconstructora de su psiquismo y de su personalidad.

Pero este cuadro lo analizaremos en la próxima conferencia, la cuarta de este ciclo dedicado a la "Interpretación psicológica del proceso espiritual de Ignacio de Loyola"

CUARTA CONFERENCIA

Terminamos la lección anterior, la tercera conferencia, delineando los componentes del cuadro patológico, de la sintomatología que le sobrevino a Ignacio de Loyola, dentro del segundo tramo de su itinerario psicologico y espiritual (metodológicamente lo habíamos dividido en tres tramos). El primer tramo fue el de la Conversión. El segundo el de La Crisis, en el que todavía estamos.

En la lección anterior, la tercera conferencia de este ciclo, nombré cuatro síndromes de esta crisis vital, que componen un cuadro de *desajuste generalizado del equilibrio psicológico*, con patología *neurótico-obsesiva*: Voy a describir esos cinco síndromes patológicos sirviéndome de testimonios directos del mismo Ignacio de Loyola relatados en su

Autobiografía. Son cuatro: las alteraciones timopáticas: las alternancias bipolares de estados emocionales; la rumiación obsesiva ; la angustia de base con zozobra existencial; y las ideaciones de suicidio

1) ***Alteraciones timopáticas:*** Bruscos cambios del estado de depresión a la serenidad y viceversa, con pérdida del equilibrio psico-emocional. Tened en cuenta que no se refieren a los cambios de humor que todos experimentamos antes las situaciones gratas o ingratas de cada día. Sino que, como es característico de esta 2ª fase, remueven los fondos de la afectividad sobre los que se cimienta *el sentido de su vida*. De esto ya hablamos en la lección anterior.

2) ***Crisis obsesional típica***, que se manifiesta esencialmente en Ignacio de Loyola por escrúpulos y acciones repetitivas referentes a las prácticas religiosas.

"Mas en esto vino a tener muchos trabajos de escrúpulos.

Porque, aunque la confesión general que había hecho en Monserrat, había sido con asaz diligencia, y toda por escrito, como está dicho, todavía le parecía a las veces que algunas cosas no había confesado, y esto le daba mucha aflicción: porque, aunque confesaba aquello no quedaba satisfecho. Y así empezó a buscar algunos hombres espirituales, que le remediasen de estos escrúpulos; mas ninguna cosa le ayudaba. Y en fin, un doctor de la Seo, hombre muy espiritual, que allí predicaba, le dijo un día en la confesión, que escribiese todo lo que se podría acordar. Hízolo así, y después de confesado, todavía le tornaban los escrúpulos adelgazándose cada vez las cosas de modo que él se hallaba muy atribulado; y aunque casi conocía que aquellos escrúpulos le hacían daño, que sería bueno quedarse sin ellos, mas no lo podía acabar consigo. Pensaba algunos veces que le sería remedio mandarle su confesor en nombre de Jesús Cristo que no confesase ninguna de las cosas pasadas, y así deseaba que el confesor se lo mandase, más no tenía osadía para decírselo al confesor. Mas, sin que él se lo dijese, el confesor vino a mandarle que no confesase ninguna cosa de las pasadas, si no fuese alguna cosa tan clara. Mas como él tenía todas aquellas cosas por muy claras no aprovechaba nada este mandamiento, y así siempre quedaba con trabajo".[29]

Veis claramente que este texto contiene una descripción típica del *comportamiento obsesivo-compulsivo* de la persona escrupulosa. Y quiero señalar lo que aprendió Ignacio con esta experiencia la reproducirá después en los Ejercicios Espirituales en las "*Notas para sentir y entender escrúpulos y suasiones de nuestro enemigo*". [30]

---

[29] Ibidem, págs. 168-170, nún. 22
[30] IGNACIO DE LOYOLA, o. c. 1952, págs. 234-235, núms..345-351

Es característico de la personalidad escrupulosa esa *búsqueda ansiosa de alguien que le obligue o le ofrezca alguna seguridad*, como ha descrito Ignacio de sí mismo. Y conviene diagnosticarlo porque es signo de un *debilitamiento más hondo del Yo*, marcado de *inestabilidad* y de *inseguridad* vital, que conlleva además *regresión a etapas de dependencia* de la infancia.

Como vengo diciendo los sentimientos y emociones de esta etapa no corresponden a las respuestas emocionales cotidianas que experimentamos frente a la situaciones cambiantes de la vida. Las reacciones emocionales de esta etapa *emergen desde fondos de la afectividad en los que se cimientan las seguridades elementales necesarias para enfrentar las vicisitudes de la vida*. Esto lo vamos a comprobar también con el síntoma siguiente.

3) **La *angustia*,** como expresión y como transfondo de una vivencia **extrema de zozobra existencial.**

*"Y perseveraba en sus siete horas de oración de rodillas, levantándose a medianoche continuamente, y en todos los demás ejercicios ya dichos; más en todos ellos no hallaba ningún remedio para sus escrúpulos, siendo pasados muchos meses que le atormentaban. Y una vez, de muy atribulado de ellos, se puso en oración, con el fervor de la cual **comenzó a dar gritos a Dios vocalmente, diciendo: Socórreme, Señor, que no hallo ningún remedio** en los hombres, ni en ninguna criatura; que si yo pensase de poderlo hallar, ningún trabajo me sería grande. Muéstrame tú, Señor, dónde lo halle; que aunque sea menester ir en pos de un perrillo para que me dé el remedio, yo lo haré".* [31]

Clara descripción de estado de angustia enervante y ansiedad desbordante.

---

[31] IGNACIO DE LOYOLA, o. c. 1947, pág. 171, núm. 23

4) *Ideación **de suicidio**,* determinada por el hastío que le produce la dramática perplejidad de su existencia.

"Estando en estos pensamiento, le venía muchas veces tentaciones con grande ímpetu para echarse de una agujero grande que aquella su cámara tenía, y estaba junto al lugar donde hacía la oración. Mas conociendo que era pecado matarse, tornaba a gritar: Señor, no haré cosa que te ofenda; replicando estas palabras, así como las primeras, muchas veces". [32]

Y es en esta situación límite de *naufragio existencial,* que hasta pone en peligro su propia vida, donde encuentra Ignacio el asidero para su superación, para su reacción de *Resiliencia.* Este asidero es *la seguridad* recuperada. La seguridad, también *obsesivamente remachada por la repetición de las palabras,* de que aquella acción de suicidio es un pecado, una ofensa a Dios y de que él no hará nada que ofenda a Dios. Y aquí

---

[32] Ibidem, págs. 171-172, núm. 24

comienza el proceso de *superación de la crisis*. (Hay un dicho de una canción, creo que de Serrat, que dice algo más o menos así: *Bienaventurados los que han tocado fondo, porque ya no les queda más remedio que subir hacia arriba*. Aquí tocó fondo, y aquí dio comienzo su ascención).

Para comprender la reacción de reequilibrio y estabilidad que puede representar, en medio de una crisis, este simple indicio de seguridad, este apoyo cognitivo y emocional, conviene recordar que, como ya hemos dicho, *toda obsesión tiene como estructura básica el profundo sentimiento de inseguridad e incertidumbre, y que el neurótico tiende a liberarse de ella por la repetición ansiosa de los ritos obsesivos*. Ritos obsesivos que no son otra cosa que búsqueda desesperada de seguridad.

Desde este momento, la crisis de Ignacio va a ir *superándose progresivamente, a medida que se va afianzado en él este sentimiento de seguridad*. Y va a llegar a la culminación de este sentimiento gracias a un *mecanismo de defensa mental* que se llama *racionalización*: es el razonamiento por el que decide Ignacio que la imagen de la serpiente –origen y expresión de su neurosis-, que hasta el momento permanecía enigmática, tenía un significación determinada y cierta, frente a la que solo cabía una única actitud: *el rechazo frontal*.

Lo vamos a leer con sus propias palabras, pero conviene señalar, tal como él lo narra, que llega a este convencimiento estando junto a una Cruz, símbolo de la vida a la que se había comprometido en reacción a las tentaciones de suicidio, y por su decisión inquebrantable, su suprema autoexigencia, de no volver a pecar.

*"Se fue a hincar de rodillas a una cruz, que estaba allí cerca, a dar gracias a Dios, y allí le apareció aquella visión que muchas veces le aparecía y nunca la había conocido, es a saber, aquella cosa que arriba se dijo, que le parecía muy hermosa, con muchos ojos. Mas bien vio, estando delante de la cruz, que no tenía aquella cosa tan hermosa color como solía; y **tuvo un muy claro conocimiento, con grande ascenso de la voluntad, que aquel era el demonio**. . .".*

Una vez que la imagen fascinante de la serpiente, con la que anteriormente tanto se deleitaba, quedó relacionada y *superpuesta a la imagen del demonio*, que *condicionante de un reflejo de repulsión*, ya fue posible tomar, sin vacilaciones ni perplejidades, una firme postura frente a ella.

"*... Y así después de muchas veces por mucho tiempo le solía aparecer, y él, a modo de menosprecio, la desechaba con un bordón que solía traer en la mano*". [33]

Y aclaro aquí que, dentro de la práctica del R.E.D., Desoille induce al paciente al enfrentamiento directo con las imágenes obstaculizantes y de peligro, con el fin de *reforzar en la corteza cerebral los estereotipos dinámicos de autoafirmación y de auto-superación.*

Voy a ensayar una interpretación psico-neurológica:

1° Un descubrimiento del psico-neurólogo ruso Pavlov, adoptado por Desoille, revela que la neurosis resulta de un desequilibrio de la actividad nerviosa superior, entre los procesos de *excitación* (la función

---
[33] Ibidem, págs. 188-189, núm. 31

simpática del sistema nervioso) y los de *inhibición* (la función *parasimpática o vagotónica*). En la neurosis se desajusta y se desequilibra esta alternancia *simpatica-parasimpática*, y este desequilibrio lleva al sujeto a responder a situaciones adversas y desagradables, o a realizaciones de deseos, con reflejos desadaptados a la realidad objetiva: ante un estímulo excitante de la realidad se responde con inhibición *parasimpática*, y ante el estímulo inhibitorio se responde con excitación *simpática*.

Estos reflejos, que perturban los sentimientos y la conducta del individuo, se desarrollan cuando el sistema nervioso autónomo del sujeto está deshabilitado y sensibilizado por otras circunstancias. Por eso, la práctica del R.E.D. tiende a reforzar esos procesos nerviosos elementales, que se consideran debilitados, por medio de un entrenamiento sistemático de regulación de ambos sistemas, y afirma Desoille tener experimentado y comprobado que las *imágenes fabulosas*, producidas en el escenario del R.E.D, son particularmente favorables para la ejecución de este trabajo.[34]

2º Este reforzamiento de los procesos correctos de la actividad nerviosa superior, se ha operado en Ignacio por el establecimiento de una *conexión entre la* **imagen del poder** –con la que Ignacio se identificaba anteriormente, realizando hazañas de armas y de amores- (imagen de poder **representada por la serpiente**, símbolo fálico de poder masculino), **y el sentimiento de horror al pecado**, reforzado este sentimiento por la experiencia angustiosa de escrúpulos obsesionantes en relación a la **imagen caballeresca de heroísmo mundanos**.

Este nuevo recondicionamiento va a provocar la reacción de reflejos condicionados que Pavlov denomina "*ultraparadoxal*". Lo cual supone que el antiguo estímulo "*triunfos mundanos*", como está ligado al sentimiento del pecado, en lugar de excitar sentimientos de alegría y de placer (como le sucedía antes) viene a suscitar un nuevo reflejo condicionado de sentimientos diametralmente opuestos: sentimientos de horror y asco, expresados simbólicamente en la imagen de la serpiente, a la que

---

[34] DESOILLE, o. c. 1955 (a), págs. 67 ss.

Ignacio ha *racionalizado* como representación del demonio, padre del pecado.

Que todos estos procesos psíquicos se hayan realizado en el mundo de los ensueños imaginarios, lo confirma las siguientes palabras de la Autobiografía:

*"Mas en el fin de estos pensamientos le vinieron unos disgusto de la vida que hacía, con algunos ímpetus de dejarla; y con esto quiso el Señor que **despertó como de un sueño**".*

La entrada en la realidad vendrá marcada por una *elaboración cognitivo- racional de la experiencia* que, más tarde, quedará plasmada en las *"Reglas de discreción de espíritus"* de los Ejercicios Espirituales.

3º ¿Y cómo culminó finalmente la *superación de la crisis* y se operó en Ignacio el *restablecimiento del equilibrio psíquico?*

La respuesta está en una nueva representación imaginativa, dentro todavía de lo que en la terapia de

Desoille se llama la *segunda fase de producción de imágenes simbólicas figurativas.*

Nos relata Ignacio de Loyola la visión imaginaria que tuvo de la Stma. Trinidad, simbolizada por tres teclas, que vino a representar y a afirmar ese estado de equilibrio y estabilidad psíquica, logrado tras la superación de la crisis patológica obsesional:

*"Estando un día rezando en las gradas del mismo monasterio (de Santo Domingo) las Horas de nuestra Señora, se le empezó a **elevar el entendimiento**, como que veía a las Santísima Trinidad en figura de tres teclas, y esto con tantas lágrimas y tantos sollozos que no se podía valer. Y yendo aquella mañana en una procesión, que de allí salía, nunca pudo retener las lágrimas hasta el comer; ni después de comer podía dejar hablar sino en la Santísima Trinidad; y esto con muchos comparaciones y muy diversas, y con mucho gozo y consolación; de modo que toda su vida le ha quedado esta impresión de sentir grande devoción, haciendo oración a la Santísima Trinidad".*[35]

---

[35] IGNACIO DE LOYOLA, o. c. 1947, págs. 179-180, núm. 28

Un comentarista de la vida de San Ignacio, Victoriano LARRAÑAGA, a propósito de este pasaje de la Autobiografía, aporta una cita del poeta renacentista BOSCAN, en su versión de *El Cortesano de Castiglione*, que le sirve para confirmar la idea de que esta visión simbólica de las teclas, que son instrumentos musicales, traducen y representan el estado especial de equilibrio psíquico alcanzado por Ignacio. Cito a Boscan:

"Traen asimismo grande y sutil armonía los instrumentos de tecla, porque tiene las consonancias muy perfectas". [36]

Las teclas, que son la imagen representativa de importantes instrumentos musicales, simbolizan el estado *de armonía, de estabilidad superior y de elevación espiritual* que había alcanzado Ignacio de Loyola, como fruto y como consecuencia de la superación de su crisis.

Otro dato significativo que hay que destacar en el relato de san Ignacio de la visión de la Santísima

---

[36] Ibidem, pág. 180, núm 28

Trinidad es el de esa *explosión emotiva* de signo positivo que le lleva a derramar *"tantas lágrimas y tantos sollozo que no se podía valer"*. Este acontecimiento puede ser un indicio más de la *salud psíquica y el equilibrio* logrado tras la atormentadora crisis que anteriormente hemos analizado, calificándola de patología neurótico-obsesiva.

Existe como confirmación un interesante texto de Desoille, hablando de la aparición de explosión emociones análogas en la práctica del R.E.D.:

"Esta reacción inesperada de lágrimas podría no ser considerada como muy sana. Sin embargo, la observación de las consecuencias de un tal emoción muestra que pueda tratarse, por el contrario, de una reacción muy saludable. Aquí es necesario comparar las dos formas de explosión emotiva que puede acompañar a la alegría: las risas y las lágrimas. (...) Las lágrimas se provocan cada vez que el resultado que nosotros esperábamos de nuestro esfuerzo sobreasa nuestras esperanzas. Por ejemplo, nosotros esperaríamos un

servicio de un amigo, pero el servicio que nos presta sobrepasa en mucho lo que nosotros hubiésemos esperado..., entonces no alegramos tanto que nuestra emoción se traduce en lágrimas". [37]

Sin duda ninguna, los clamores de socorro de San Ignacio en los momentos más angustioso de su crisis, estaban recibiendo de parte de Dios una respuesta de recuperación de su salud y de su alegría de vivir que sobrepasaba con mucho lo que él podía esperar, y no es de extrañar en consecuencia que su sentimiento de gratitud se traduzca en lágrimas, que son, en este caso, *expresión de plenitud y de equilibrio psíquico.*

Y añado a esto, para terminar esta conferencia, que, hablando Desoille de las *crisis de los místicos,* dice que la intensidad y violencia de los padecimientos y de la lucha por superarlos es lo que les hace recuperar lo mejor de ellos mismos, más de lo que lo hubiera conseguido una simple voluntad de progreso, en

---

[37] DESOILLE, o. c. 1938 (a), págs. 264-265

situaciones más normales. Es decir que la voluntad de progreso y el impulso a sacar lo mejor de sí mismos, vienen propulsado por la intensidad de los padecimientos de la crisis.

Y añade Desoille, citando a Bergson, que, en el curso de esta experiencia, el ***trastorno psíquico*** puede formar parte de una ***"reorganización sistemática de la personalidad en vista a un equilibrio psíquico superior"*** como sería, en este caso, la ***elevación mística"***.

Y con esto hemos entrado ya la tercera fase de producción de imágenes mentales de la psicoterapia de Desoille, llamadas "imágenes simbólicas no-figurativas", fase que corresponde al mismo tiempo al tercer tramo del itinerario espiritual de Ignacio de Loyola, que vamos a analizar en la siguiente y última conferencia, cuyo título es *La Elevación*.

QUINTA CONFRENCIA

En la conferencia anterior dejamos a Ignacio de Loyola en ese estado de gozosa intensidad emotiva y de equilibrio psíquico, simbolizada por la *imagen de las tres teclas* representativas, según él, de la Santísima Trinidad. Las interpretamos como *imagen simbólica figurativa*, característica de la actividad imaginaria de la segunda fase de la Psicoterapia de Robert Desoille. Y dijimos también que esta imagen de las teclas simbolizan y expresan el *estado de equilibrio, de armonía y de estabilidad superior* que había alcanzado Ignacio de Loyola, como fruto y consecuencia de la superación de su crisis.

Quiero recordaros que en el texto de la Autobiografía donde se relata esta visión, esta representación imaginativa de las teclas, aparece relacionada con una representación kinestésica de *elevación*: *"se le empezó a elevar el entendimiento*", recuerdan ustedes que lo dice el texto de San Ignacio. Lo cual confirma una vez más la idea de Desoille sobre el valor de los *desplazamientos imaginaros de ascensión y elevación* dentro del mecanismo psicoterapéutico del R.E.D. (Sobre esto ya adelantamos algo en la lección tercera)

Relatando Desoille su actuación como psicoterapeuta esta tercera fase del tratamiento, dice: "*Proseguiremos pidiendo al sujeto que continúe más allá sus **ascensiones**. Constataremos entonces que las imágenes cambian profundamente de carácter; representativas, al comienzo, de la vida habitual, se vuelven cada vez más brillantes e inmateriales, hasta no ser más que una impresión de luz intensas en la que las formas, muy simples y armoniosas, aparecen como un juego de luces destacándose sobre un fondo resplandeciente de claridad. Estas imágenes están acompañadas de un estado eufórico notable que el sujeto **traduce con palabras de serenidad, felicidad,** etc. Muy frecuentemente la representación visual está* *acompañada de representaciones olfativas y auditivas: música y cantos espléndidos, perfumes deliciosos...* ".[38]

Y comentará también Desoille que, lo mismo que el *simbolismo de ascensión*, sugerido en el R.E.D., hace aparecer en el paciente, en las personas sometidas a esta psicoterapia, estados afectivos *reveladores de las tendencias más generosas,* recíprocamente, *el deseo de desarrollar en sí las tendencias más generosas podrá desencadenar, por asociación, este mismo simbolismo de elevación y ascensión,* tal como aparece en las visiones de los Santos y, sobretodo en los estados de *elevación mística:* la sensación de estar levitando, de flotar en el aire (es una sensación sujetiva, aunque en los cuadros den los que se representan a los místicos, es frecuente verlos alzados sobre el suelo: está claro que el pintor no está reproduciendo la realidad objetiva, sino la experiencia subjetiva del santo místico).

---

[38] DESOILLE , o. c. 1938 (a), págs. 71-72

Según el método del "Sueño Despierto" elaborado por Robert Desoille, las representaciones imaginarias de la tercera fase del proceso psicoterapéutico se describen como *"imágenes simbólicas no figurativas"*.

De esta imágenes mentales afirma Desoille, que *son semejantes a las imágenes de las visiones de algunos santos*: por eso él mismo las denomina *Imágenes Místicas*, a las que ya hemos hecho referencia por referencia a su conexión con las imágenes de *ascensión, de elevación,* y con las experiencias de *altura:*

Vamos a ver ahora cómo las describe Desoille y cómo se produce su aparición, en la fantasía de la persona sometida a su método de psicoterapia "Sueño Despierto Dirigido:

"Con ciertos sujetos predispuestos, si la experiencia se prosigue largamente, se produce una simplificación de sus imágenes hasta no ser más que representaciones de luz. Primero doradas, después se vuelven de blanco mate, y más adelante dan una impresión brillante y transparente como un cristal deslumbrador. Aunque

*las formas están ausentes de estas representaciones, son veces muy ricas en cuanto a los sentimientos vivenciados en ellas: **profunda impresión de paz y de bienestar, disposición de extrema benevolencia**, etc.*

*Estas representaciones se acompañan también a veces de un **sentimiento de presencia** bien conocido de los que han estudiado la psicología de los místicos. Es la razón por la que he propuesto llamarlas imágenes místicas".* [39]

Añadirá Desoille que el mantenimiento de este tipo de imágenes es lo más eficaz para cultivar en el sujeto *tendencias generosas* (le llama *socialización de los instintos*), ya que es a este nivel de las imágenes místicas donde el sujeto descubrirá sus verdaderas posibilidades de *altruismo y solidaridad*, gracias al descubrimiento de los contenidos afectivos que expresan.

"La descripción de estas imágenes se resumen en pocas palabras: el sujeto se siente en un mundo luminoso sin ninguna forma definible. La luz misma

---

[39] DESOILLE, o. c. 1955 (a) pág. 76

parece que vive y que vivifica. Estas visiones están acompañadas de un sentimiento de euforia que el sujeto traduce con palabras de "paz" y de "serenidad". Se siente al mismo tiempo particularmente lúcido y descubre en sí mismo una **aspiración a participar en la vida de otros**, *a participar de sus alegrías y sus dolores, en una palabra, se siente extremadamente* **solidario de su prójimo**".[40]

(Permitidme un testimonio impresionante a este respecto, situado en la Primera guerra Mundial, en 1915, cuando un arquitecto – Scheerbart, de los iniciadores del movimiento alemán de *La Bauhaus*- empezó a promover un nuevo sistema de construcción con edificios de cristales y lo justificó afirmando que "El vidrio de color aytavesado por la luz destruye el odio". Y otro arquitecto que lo siguió en su pensamiento, Taut, escribió un libro en 1917, donde proclamaba: cargado de esperanza: "YA SÓLO QUEDA TRABAJAR CON ÁNIMO Y SIN DESCANSO AL SERVICIO DE LA BELLEZA,

---

[40] Ibidem, pág. 117

SOMETIÉNDOSE A LO SUPERIOR").

Y ya aquí es el momento de insertar las últimas experiencias imaginativas o imaginarias que San Ignacio nos relata en su Autobiografía, correspondientes a la tercera modalidad *de imágenes simbólicas no-figurativas.* Y los sentimientos que estas imágenes conllevan nos significan que estamos ya también en el tercer tramo del itinerario espiritual y psicológico de Ignacio de Loyola. Al primer tramo lo habíamos llamado *La Conversión,* Al segundo *La Crisis,* y a este tercer tramo lo llamamos *La Elevación*:

"Una vez se le representó en el sentimiento con grande alegría espiritual el modo con que Dios había creado el mundo, que le parecía ver una cosa blanca, de la cual salían algunos rayos y que de ella hacía Dios lumbre". [41]

En las experiencias de Ignacio de Loyola, caminando por este tercer tramo de su itinerario espiritual (que es también humano y psicológico, al mismo

---

[41] IGNACIO DE LOYOLA, o- c. 1947, pags. 181-182, núm. 29

tiempo), me parece a mí que aquí se condensa todo el núcleo de lo que en los Ejercicios Espirituales se propone como *"Principio y fundamento"* y como *"Contemplación para alcanzar amor"*, que forman la primer y la última página de los Ejercicios Espirituales. [42]

Lo cual confirma la teoría de Desoille de que una de las características de los altos sentimientos estimulados y expresados por las representaciones imaginarias de esta tercera fase, es el *deseo solidario* y la determinación eficaz de *poner su experiencia al servicio de todas las demás personas.*

En este mismo sentido se puede entender la *renuncia a los excesos ascéticos* y la determinación de cortarse las uñas y el cabello, que San Ignacio decide ya en este tercer tramo de su camino, y que suponen sin duda una *regulación realística de la propia vida* y un adentramiento en el proceso de *socialización*: Tened en

---

[42] Ibidem. pág. 182, núm. 30

cuenta que él mismo lo relaciona con su determinación de actuar *en servicio de los demás*:

"*Después que empezó a ser consolado de Dios* (consolación: signo de que va por buen camino) *y vio el fruto que hacía en las almas tratándolas, dejó aquellos extremos que de antes tenía; ya se cortaba las uñas y cabellos*". [43]

Esta doble resolución: la de renunciar a las extremidades del ascetismo y la de renunciar al "egocentrismo", a estar concentrado sobre sí mismo, con la resolución de *"consagrar la actividad vital al mejoramiento social de la condición humana"*, la señalan algunos especialistas en ciencias religiosas como una de las características que marcan la historia moral de los místicos. [44]

Y en relación a esto, Desoille comenta que el místico, en los primeros niveles de su evolución moral, muestra un comportamiento exagerado por una ascética mal

---

[43] Ibidem, núm. 29, 3ª
[44] LEUBA, James-H., *Psychologie du Mysticisme Religeux*, Alcan, París 1925, pág.275

comprendida, a través de la que manifiesta la *fuerza impulsiva del instinto* que reclama subrepticiamente su satisfacción. Es como un engaño del instinto acometedor que, cuando se le ha conseguido domesticar con la resolución de hacer daño a nadie, se refuerza y busca una salida de *autopunición masoquista*. Pero su triunfo en esta lucha le llevará a una lenta ascensión hacía la santidad, de la que su condición y su objetivo es: el amor a Dios y el amor a todos los demás seres, hijos también de Dios. Así lo explica Desoille, y añade que *"el profano será advertido de esta victoria, y podrá juzgar del nivel de sublimación, o de evolución, alcanzando, no por el relato de sus sueños o de sus visiones, sino viéndole salir de su retiro **para consagrarse al mejoramiento social de la condición humana"*. [45]

Continuamos con la Autobiografía de Ignacio de Loyola y con la relación de otras visiones de esta modalidad de imágenes *simbólicas no-figurativas*. Estas nuevas imágenes que a tener como especial resonancia en

---

[45] DESOILLE, o. c. 1938 (a) págs. 267-268

la esfera afectiva la de dejar en Ignacio de Loyola un tal *sentimiento de seguridad en los valores religiosos interiorizados durante este proceso,* tal seguridad que *contrasta muy significativamente con la vivencia angustiosa de inseguridad e incertidumbre* experimentada en el periodo anterior. Lo cual confirma que Ignacio ha escapado de la crisis, ha superado la crisis y el desorden mental, las "desolaciones" que caracterizan el camino falso, y que ya ha integrado su experiencia dentro de un ámbito mental de "consolaciones" indicadoras de *equilibrio psíquico superior en una nueva síntesis humano-divina (o psicológico-espiritual) de su personalidad.*

Para que pueda quedar trazado el cuadro completo de las *representaciones imaginarias propias de la tercera fase,* Añadiré el relato de una nueva experiencia, narrada en la Autobiografía:

"En todo este tiempo le aparecía muchas veces nuestro Señor, el cual le daba mucha consolación y esfuerzo; mas parecíale que veía **una cosa redonda y grande, como si fuese de oro***, y esto se le representaba". (178)*

Y con esto hemos llegado a la cumbre: al momento privilegiado de esta tercera fase de *elevación mística*, momento que hay que enmarcarlo en una experiencia ubicada muy especial, ubicada cerca de río Cardoner, al sudoeste de Manresa, en Cataluña. En este lugar y con esta experiencia culminó en una *síntesis definitiva, la transformación psicológica y espiritual y la reconversión total de la personalidad* de Ignacio de Loyola: aquí quedó acuñada la nueva imagen de sí mismo y quedó consumado su proceso de transformación psicológica, trasladando su pensamiento al plano cognitivo que hoy llamamos *Inteligencia Espiritual,* que iba a cambiar completamente su visión del mundo y a marcar toda vida religiosa de Occidente, con repercusiones renovadoras en el mundo entero.

Todos los principales comentadores e historiadores de San Ignacio están de acuerdo en afirmar que el fruto de esta experiencia iluminativa fueron dos realizaciones de valor universal y de resonancias mundiales:

1) *El libro de los Ejercicios Espirituales,* obra de madurez y de plenitud psicológica y espiritual, redactado entonces, por lo menos en todo lo substancial.

2) *La idea general de la Compañía de Jesús, como culminación de su proceso mental de socialización,* con la que da comienzo su participación en la historia, y en la vida universal.

El relato de la experiencia es como sigue:

"Una vez iba por su devoción a una iglesia, que estaba poco más de una milla de Manresa, que creo yo que se llama San Pablo, y el camino va junto al río; y yendo así en sus devociones se sentó un poco con la cara hacía el río, el cual iba hondo. Y estando allí sentado se le empezó abrir los ojos del entendimiento:; y no que viese alguna visión, sino entendiendo y conociendo mucha cosas, tanto de cosas espirituales como de cosas de fe y de letras; y esto con una ilustración tan grande que le parecían todas las cosas nuevas. Y no se puede declarar las particularidades que entendió entonces, aunque fueron muchas, sino que

*recibió una grande claridad en el entendimiento; de manera que en todo el discurso de su vida, hasta pasado setenta y dos años, coligiendo todas cuantas ayudas haya tenido de Dios, y todas cuantas cosas ha sabido, aunque las ayunte todas en uno, no le parece haber alcanzado tanto como de aquella vez sola. Y esto fue en tanta manera e quedar con el entendimiento ilustrado, que **le parecía como si fuese otro hombre** y tuviese **otro intelecto**, que tenía antes".*[46]

Sin duda ninguna, el cambio operado en Ignacio en esta experiencia, "que le parecía como si fuese otro hombre" y con "otro intelecto" (*Inteligencia Espiritual*), revela la **cristalización de la nueva síntesis de su personalidad**, y, como dice el jesuita y psicoanalista Bairnaert en su obra *Experiencia cristiana y psicología*, revela también la transformación radical de su relación con el mundo en la línea de la socialización, o según la teoría de Adler, la culminación del *Sentimiento de Comunidad.*. Y comenta Bainaert que Ignacio no está ya

---

[46] IGNACIO DE LOYOLA, o. c. 1947, págs. 185-187, núm. 30

en un universo imaginario e irreal, como sucede en el delirio, sino en nueva *reorganización cognitiva* (la que, repito, he llamado *Inteligencia Espiritual*) que Bairnaert formula de este modo: *"una compresión nueva del universo tanto religioso como profano. Y establece con él una relación que, lejos de colocarle aparte del mundo, va a afianzarlo dentro de él en la realización de su gran Obra histórica y social.*[47]

Para terminar de comprender *la reestructuración mental operada en Ignacio y la nueva sintetización de psiquismo*, voy a citar un texto de Desoille, tras el que podremos aplicar a San Ignacio el calificativo que, según el mismo Desoille merece todo verdadero místico. Este calificativo es : "Genio del sentimiento". [48]

*"Podemos decir que este "gozo sublime" es el fruto de un **equilibrio excepcional** alcanzado por el que lo experimenta. Este **equilibrio superior** refleja un proceso nervioso, resultado del funcionamiento*

---

[47] BAIERNAERT, Louis, *Experiencia cristiana y psicología*, Estela, Barcelona. 1965, págs. 247-248
[48] JANET, Pierre, *De l'angoise à l'extase*, Alcán, París.

*neuro-biológico de un cerebro **particularmente bien organizado**. ¿Todo hombre es capaz de ello? No lo creo. Pierre Janet decía: "**Existen genios del sentimiento, lo mismo que hay genios de la inteligencia**". Hay toda una gama de adaptación que va desde el fracaso a lo sublime. En la medida en que un sujeto es capaz de alcanzar lo sublime, la instauración de un semejante equilibrio, es para él un enriquecimiento sin precio, **susceptible de orientar su destino de la manera más dichosa para él mismo y para la sociedad".* [49]

Solo quiero añadir como resumen final de estas lecciones, que mi intento de interpretación psicológica de la experiencia religiosa de San Ignacio de Loyola –a través del estudio y clasificación analítica de sus representaciones imaginarias- sólo ha pretendido descubrir los mecanismos humanos, los dinamismos psico-fisiológicos y neurológicos, del proceso mental operado en Ignacio a lo largo de esta incomparable

---

[49] DESOILLE, o. c. 1955 (a) pág. 119

experiencia, basados en el relato autobiográfico de sus SUEÑOS DESPIERTOS DIRIGIDOS por Dios, que, como el mismo Ignacio lo testifica, *"en este tiempo le trataba de la misma manera que trata a un maestro de escuela a un niño, enseñándole"*. [50]. Su convicción es que Dios lo estaba dirigiendo.

Y quiero añadir también, como lo he repetido en muchas veces durante las conferencias, que todo lo aprendido durante su itinerario, quiso volcarlo en todo el sistema psicopedagógico de los Ejercicios Espirituales, cuya finalidad específica dejó resumida y formulada en el Título:

"EJERCICIOS ESPIRITUALES PARA VENCER A SI MISMO Y ORDENAR SU VIDA SIN DETERMINARSE POR AFECCIÓN ALGUNA QUE DESORENADA SEA"

¿No os parece que ya este mismo título ofrece un claro **paralelismo de objetivos con los de la psicoterapia?**. (Y esa **reorganización y sometimiento de los elementos**

---

[50] IGNACIO DE LOYOLA, o. c. 1947, pág. 179, núm. 27

instintivos y afectivos de la personalidad –*"Vencer a sí mismo"*– , ese **fortalecimiento del YO personal** frente a las fuerzas desintegradoras (las adversidades de esta vida, los problemas, las enfermedades, los errores...), con la vista puesta en una actuación más *integrada*, más *racional* y más *auto-constructiva*, no es exactamente **el mismo fin que se persigue por medio de la psicoterapia,** tal como hemos ido señalando con las citas de Desoille?

En concreto, DESOILLE señala la finalidad que persigue por medio del R.E.D., en paralelismo sorprendente con la se expresa en el Título de los Ejercicios:

*"Si nosotros hacemos hacer sueños despiertos al adulto es para ayudarlo a **corregir** por sí mismo la actividad **desordenada** de su imaginación, y por ahí, **a poner en orden** las manifestaciones de su emotividad para que él **llegue a vencer** la una y la otra".*

"El adulto que viene a nosotros desea simplemente conocerse mejor, o bien busca ayuda en un momento difícil de su existencia –en el curso de una crisis moral como

*las que todos atravesamos- porque por el momento es un **desorientado que busca su ruta**"* [51].

Es por esto por lo que, a lo largo de estas lecciones, he querido ir haciendo referencia a los Ejercicios Espirituales en cuanto que constituyen una *técnica* y una *metodología* que utiliza las *imágenes*, las *ideas* y los *sentimientos*, adaptándolos a cada individuo diferentemente y según la etapa de maduración personal de cada uno. Técnica que busca por todos los medios posibles que la persona *se conozca mejor y que viva mejor*, aprovechando las energías fundamentales que existen en cada persona y que son susceptibles de **orientar su vida** en una línea que realice **con mayor plenitud las potencialidades psicológicas y espirituales** que cada persona porta dentro de sí.

Y termino ya, con una cita que recogí hace más de cuarenta años de un autor francés, psicoterapeuta del método de "Sueño Despierto Dirigido":

---

[51] DESOILLE, ibidem

"*Los Ejercicios pueden ser considerados una **técnica de imaginería mental** análoga a todas las que nosotros conocemos. Y San Ignacio se presenta, en 1552, no solamente como un precursor en Occidente de las técnicas de la imagen, sino como el **autor de la primera técnica de la imagen del mundo moderno***". [52]

---

[52] COURT-PAYEN, o. c. 1971, pág. 16

FERNANDO JIMÉNEZ HERNÁNDEZ-PINZÓN

Nacido en Sevilla. Doctor en Filosofía y Ciencias de la Educación por la Universidad Complutense de Madrid, Doctor en Filosofía por la Universidad del Paraguay, Licenciado en Filosofía y Letras por la Universidad Complutense, Licenciado en Psicología por la Universidad de Sevilla, Licenciado en Teología, Diplomado Superior en Psicología Clínica y en Grafopsicología. Ha realizado estudios especializados de Psicopatología, Psicoterapia y Psicoanálisis en la Universidad de la Sorbona de París. Ha sido profesor de Psicología en la Universidad del Paraguay, en la Facultad de Económicas y Empresariales de Córdoba, y en la Escuela Universitaria de Formación del Profesorado de Córdoba. En esta ciudad realiza actualmente su actividad profesional de Psicólogo Clínico y Psicoterapeuta. Ha sido miembro del **Centro de Estudio y Aplicación del Psicoanálisis** de Madrid, integrado en la F.E.A.P. **Federación Española de Asociaciones de Psicoterapia,** y de la **Sección de Psicoanálisis** de la "**American Psycholigical**

Association". Es Presidente de Honor de la **AEPA** "**Asociación Española de Psicología Adleriana**".

Ha impartido numerosos cursos, seminarios y conferencias, en España y en el extrajero, sobre temas de Psicología educativa, Dinámica de Grupos, Psicoterapia, Psicoanálisis y también sobre temas de Literatura.

Premio Zenobia Camprubí" por su trabajo "Dios deseado y deseante, último libro de Juan Ramón Jiménez", finalista al I PREMIO DE NARRATIVA DE LA XV FERIA DEL LIBRO DE ALMERIA por su poema-relato "La viña florecida", Finalista al XXX PREMIO MUNDIAL DE POESÍA MÍSTICA *FERNANDO RIELO* por su poemario "Si por vosotros ha pasado", y FINALISTA AL XXXIV PREMIO MUNDIAL DE POESÍA MÍSTICA *FERNANDO RIELO*, por su poemario "Contemplación para alcanzar amor". Es Académico correspondiente por Moguer de la **Real Academia de Buenas Letras, Ciencias y Nobles Artes** de Córdoba y Presidente de Honor de AEPA, Asiciación Española de Psicología Adleriana.

OTRAS OBRAS DE FERNANDO JIMÉNEZ H.-PINZÓN

"La Comunicación Interpersonal" (3 ediciones) , Ed. ICCE, Madrid
"Técnicas Psicológicas de Asesoramiento y Relación de Ayuda", Ed. Narcea, Madrid.
"Viajes hacia uno mismo" (2 ediciones), Ed. Desclée de Brouwer, colección Serendípity, Bilbao.
"Seminario de Comunicación y Creatividad" Publicaciones del I.C.E. de la Universidad de Córdoba.
"La Fantasía como Terapia de la Personalidad" (2 ediciones) Ed. Desclée
de Brouwer, colección Serendípity, Bilbao.
"A corazón abierto" Ed. Desclée de Brouwer, colección Serendípity, Bilbao.
"Psicoanálisis para educar mejor", Ed. Desclée de Brouwer, colección
Serendípity, Bilbao.
"Complejo de Inferioridad. Enfoque terapéutico y psicoeducativo" (Compendio de la Psicología Individual de Alfred Adler) Editorial La Buganville, Barcelona.
"La viña florecida" (poema-relato) Ed. BmmC, Málaga.
"Valores para vivir y crecer" Ed. San Pablo, Madrid.
"Animal de deseos", Editorial Deauno.com, Buenos Aires.
"Anna, mi amiga" (Ensayo biográfico novelado sobre la hija del fundador del Psicoanálisis) Editorial Libros En Red, Argentina.
"Sigmund Freud. Biografía de un deseo", Editorial Libros En Red, Buenos Aires.

"Juan Ramón Jiménez, un dios desconocido", Editorial Deauno.com, Buenos Aires.

"La voz del viento: Cuaderno de recuerdos y añoranzas)" (Poemas) Edición privada.

"La Práctica del Consejo Psicológico (según los principios y metodología del *Counseling* de Carl Rogers"), Editorial ECU, Alicante.

"Tu Personalidad es tu Escritura", Editorial Club Universitario-ECU, Alicante.

"Construye tu pirámide", rd editores. Sevilla.

"Por el Laberinto del Minotauro (Claves del Psicoanálisis para entender el funcionamiento mental y sus perturbaciones)", Editorial Deauno.com, Buenos Aires.

"Un porqué para vivir", Editorial Deauno.com, Buenos Aires.

"Encuentros en el Ágora", coautor: José Mª Carrascosa. Editorial Deauno.com, Buenos Aires.

"Por los antiguos surcos", coautor: José Mª Carrascosa. Editorial Deauno.com, Buenos Aires.

"Cartas de Zenobia o el vuelo de un hada", Editorial Club Universitario-ECU, Alicante.

"En la arboleda de los sueños (La aventura de leer)", coautor: Julia Victoria Jiménez Vacas Editorial Club Universitario- ECU, Alicante.

"Los colores del agua (Diálogo a tres bandas)", coautor:es José Mª Carrascosa y Antonio Espinosa. Editorial Deauno.com, Buenos Aires.

"Microrrelatos histéricos", Imcrea editorial, Badajoz

"Anna Freud, una mujer y un destino", coautor: Julia Victoria Jiménez Vacas Editorial Club Universitario- ECU, Alicante.

"Acabarás teniendo alas (Microrrelatos)", Editorial Club Universitario- ECU, Alicante.

"Cada día, una vida", Editorial Bubok (digital)

"Del amor y la vida (microensayos para pensar, crecer y soñar)", Editorial Lulú (digital)

"Conferencias de psicología y literatura", Editorial Lulú (digital)

"Dios está azul", Imcrea editorial, Badajoz

"En el amor y el mito" (poesía), Editorial (digital).

"Si oyes la voz del viento", Editorial Blurb (digital)

"Igual si fuera un sueño" (poesía), Editorial Blurb) (digital)

"Seminario de recursos psicoterapéuticos", Editorial Lulú (digital)

"Taller: Estructura y dinamismo de la personalidad", Editorial Lulú (digital)

"Taller de crecimiento personal: Tu "Yo" y su Sombra", Editorial Lulú (digital)

"Diario íntimo de un psicoterapeuta", Editorial Lulú (digital)

"Freud: las claves del deseo", Editorial Bubok (digital)

"Taller de *Focusing*", Editorial Lulú (digital)

"Taller de Psicoanálisis y educación" Editorial Lulú (digital)

"Taller de Psicología Individual de Adler", Editorial Lulú (digital)

Taller de Lingüística y Psicología,. Editorial Lulú (digital)

Curso de Introducción a la Psicoterapia Dinámica y Humanística, . Editorial Lulú (digital)

Prácticas psicológicas para conocernos y triunfar, Editorial Lulú (digital)

Test Grafológico (Método de aplicación directa), Editorial Lulú (digital)

LA FORMACIÓN DEL PSICOTERAPEUTA. Curso de Counseling y Psicoterapia, Editorial Lulú (digital)

Taller de Psicodiagnóstico: La interpretación de las "Manchas de tinta", según el Z-Test, Editorial Lulú (digital)

"Test Grafológico (Método de aplicación directa)", Editorial Lulú (digital)

"Curso-Taller de ANÁLISIS TRANSACCIONAL". Editorial Lulú (digital)

"Diario de estío, con hojas del otoño". Editorial Lulú (digital)

"Dos conferencias sobre el amor". Editorial Lulú (digital)

Taller de Psicopatología para psicólogos. Editorial Lulú (digital)

"De amor, mitología y pensamiento". Editorial Lulú (digital)

"Individualismo Solidario". Editorial Lulú (digital)

"Los ríos sonorosos (Divagaciones sobre arte, belleza y poesía)": Ed. Lulú (digital)